大型船闸工程智能建造理论、技术及应用

Theory, Technology and Application of Intelligent Construction of Large-scale Shiplock Projects

苏　颖　王静峰　钱叶琳　张振华　等　著

中国建筑工业出版社

图书在版编目（CIP）数据

大型船闸工程智能建造理论、技术及应用＝Theory, Technology and Application of Intelligent Construction of Large-scale Shiplock Projects/苏颖等著. —北京：中国建筑工业出版社，2023.1
ISBN 978-7-112-28176-3

Ⅰ. ①大… Ⅱ. ①苏… Ⅲ. ①智能技术-应用-船闸-工程施工 Ⅳ.①U641.5-39

中国版本图书馆 CIP 数据核字（2022）第 219223 号

21 世纪我国基础设施建设得到快速发展，取得了举世瞩目的成就。然而，在水运和海洋建设装备方面仍远落后于发达国家，其中自动化、智能化等核心技术仍受制于国外，严重制约了我国水运和海洋基础设施的高质量发展。目前，船闸工程的建造方式正在向信息化、智能化方向转变，已成为行业发展的必然趋势。

本书总结了作者在大型船闸工程智能建造方面的研究成果和工程实践，从理论、技术到工程应用，涉及智能装备、智能建造、智能监测和项目管理等内容。本书可作为从事大型船闸工程智能建造科学研究、工程设计、施工监理的技术和管理人员的参考书，亦可供高等院校土木、交通和水利专业的师生参考。

责任编辑：刘婷婷
责任校对：芦欣甜

大型船闸工程智能建造理论、技术及应用
Theory，Technology and Application of Intelligent Construction of
Large-scale Shiplock Projects
苏　颖　王静峰　钱叶琳　张振华　等　著
*
中国建筑工业出版社出版、发行（北京海淀三里河路 9 号）
各地新华书店、建筑书店经销
霸州市顺浩图文科技发展有限公司制版
天津翔远印刷有限公司印刷
*
开本：787 毫米×1092 毫米　1/16　印张：10½　字数：232 千字
2023 年 1 月第一版　　2023 年 1 月第一次印刷
定价：**48.00** 元
ISBN 978-7-112-28176-3
（40229）

《大型船闸工程智能建造理论、技术及应用》
著作者名单

苏　颖　王静峰　钱叶琳　张振华

余　梦　刘　用　郑金辉　浦玉学

李长春　于竞宇　郭大锤　过　令

序　言

从公元前小尺寸的木结构或圬工结构发展到如今的大尺寸混凝土结构，船闸工程很好地体现了人类在航运发展进程中的智慧结晶。"十三五"期间，我国大力发展水运工程建设，如南水北调中线、引江济淮等大型跨流域调水工程，淮河、沙颍河、闽江、松花江等高等级内河航道，黑龙江、额尔古纳河、图们江、鸭绿江等界河航道和澜沧江等国际航道，新建和改扩建船闸工程达100余座。"十四五"期间，我国将新建国家高等级航道约2500km，为船闸工程建设提供了发展契机。

当前，船闸工程的传统建造方式亟待转型升级，向信息化、智能化建造方式转变。为提高船闸建造效率，国内外企业开发了闸室混凝土移动模架、模板系统等中小型装备，但其自动化、数字化、网络化和智能化等方面科技水平较低。此外，国内开发的大多数船闸建造装备仅用于闸室墙混凝土浇筑施工，集成化程度低。在"新基建"和5G背景下，为面向未来水运基础设施"绿色、安全、高效、优质、智能"的行业发展需求，研发新一代造闸机智能装备，成为我国航运行业发展的必然趋势。

安徽路港工程有限责任公司与合肥工业大学围绕大型船闸工程建造的理论和技术问题，组建了联合研究团队，历经多年探索、研究与实践，在大型船闸工程的智能装备、智能建造、智能监测和项目管理等方面取得新进展。研究团队攻坚克难，通过机械本体设计、多源传感、自动控制等多学科交叉，研发了内外廊道施工智能装备，提出了管涌易发地层船闸基坑抗渗、闸首多尺寸空箱结构模板快速安装等施工技术，构建由施工信息载体和全面感知、施工过程实时分析和参数优化、施工方案智能决策和智能执行等组成的智能监测系统，建立了施工全过程进度、质量、安全、信息等高效智能管理平台。

研究团队研发了"大型船闸新一代造闸机重大成套智能装备"，其中船闸闸室移动模机第三代产品入选交通运输部十大新技术成果；主编了安徽省多部船闸工程标准，包括《船闸工程施工技术规程》DB34/T 3586—2020、《船闸工程施工安全检查标准》DB34/T 5037—2022，授权和申请了20余项发明专利，研究成果在安徽省新汴河灵璧船闸、引江济淮派河口船闸等新建船闸工程进行中试，并在引江济淮工程中推广应用，社会和经济效益显著。

本书总结了作者在大型船闸工程智能建造方面的研究成果，从理论、技术到工程应用，涉及智能装备、智能建造、智能监测和项目管理等内容。相信本书的出版，有助于推动船闸建造从无序现场到有序工厂的转变，施工工艺从局部改进到系统提升的转变，工程管理从经验判断到科学决策的转变；有助于提高船闸工程建造的智能化、工厂化水平，引领水运交通建设高质量发展。

全书大纲由王静峰和苏颖拟定，其中第1章由王静峰、苏颖、钱叶琳、张振华执笔，第2章由钱叶琳、浦玉学、郑金辉、刘用执笔，第3章由苏颖、张振华、余梦、李长春执笔，第4章由王静峰、刘用、过令执笔，第5章由钱叶琳、郭大锤、于竞宇执笔。各章修改和全书统稿由王静峰完成。

　　本书得到安徽省港航集团教授级高级工程师何光，安徽省交通航务工程有限公司教授级高级工程师张琼等的大力支持，合肥工业大学研究生杨欢、王磊磊、林子聪、张丹、王堡生、李国强、胡子明、林威等参与了相关测试与计算工作。希望本书对工程师了解大型船闸工程智能建造技术及工程应用有所帮助，并为科研人员和高等院校本科生、研究生学习船闸工程智能建造理论与技术提供参考。

　　由于作者水平所限，本书难免存在疏漏之处，敬请专家和读者批评指正。

著者

2022 年 8 月，合肥

目　　录

第1章 绪 论

船闸是人类在航运发展进程中的智慧结晶。从古代到现代，为了能够充分利用航运的价值，船闸工程在不断地发展、演变和进步。本章从船闸的概念、组成、分类、发展历程四个方面进行介绍，以帮助读者充分了解船闸。船闸的概念主要介绍船闸的作用；船闸的组成主要包括闸室、闸首、输水系统、闸门、引航道等部分；船闸的分类依据主要包括船闸的位置、纵轴上闸室级数等方面；国内外船闸建造的发展历程主要包括船闸结构、尺寸、水头以及输水系统等随时间发展的四个阶段。

1.1 船闸的概念

船闸作为现代通航建筑物之一，是为解决船舶在航道水位出现集中跌落或提升的情况下（例如建造闸、坝处）确保航行顺利而修建的水工建筑物。船闸的修建不仅可以延长航道网路线长度、提高航道等级、增强通航能力，在汛期还能起到挡水、防洪的作用。

1.2 船闸的组成

船闸由闸室、闸首、输水系统、闸门、引航道以及相关配套设备组成。

1. 闸室

闸室（图1-1）是由船闸的上、下闸首和两侧的闸墙围合而成。闸室墙设有系船柱、浮式系船环等供船舶在闸室内停泊时系缆所用的部件。闸室墙一般采用坞工或钢筋混凝土结构。闸墙和闸底板有刚性连接的整体式结构和不连接的分离式结构两种。

2. 闸首

闸首（图1-2）是将闸室同上、下游航道隔开的挡水建筑物，分上闸首和下闸首。闸首设有工作闸门、检修闸门、输水系统、闸门和闸门的启闭设备等。闸首通常采用整体式钢筋混凝土结构，边墩和底板采用刚性连接。

3. 输水系统

输水系统为供闸室灌水和泄水的设施。输水系统的灌泄水时间应尽量短，并满足过闸船舶停泊平稳的要求。船闸的灌泄水时间一般为 10~15min。输水系统的基本形式包括：①集中输水系统，闸室灌水、泄水分别通过设在上、下闸首内的输水廊道进行（图1-3）；

图 1-1 闸室通航[1]

图 1-2 闸首通航[2]

(a) 上游进口段

(b) 下游出口段

图 1-3 输水廊道

②分散输水系统，闸室灌水、泄水通过由输水廊道沿闸室分布于闸室底板或闸墙内的出水口进行（图 1-4）。上、下游的最大水位落差在 15m 以内的船闸，一般采用集中输水系统；水头较大时多用分散输水系统。

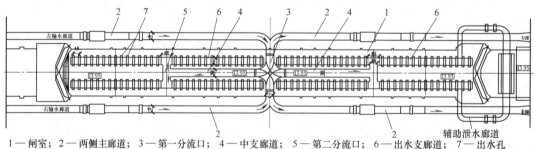

1—闸室；2—两侧主廊道；3—第一分流口；4—中支廊道；5—第二分流口；6—出水支廊道；7—出水孔

图 1-4 船闸分散输水系统[3]

4. 闸门

闸门（图 1-5）包括工作闸门和输水阀门。工作闸门是设在上、下闸首位置的挡水设备。在闸首前后水位齐平时启闭，常用工作闸门有人字形闸门（图 1-5a）、平板升降闸门、横拉闸门等。输水阀门设在输水廊道上，用来控制灌泄水时的流量，常用类型有平板提升阀门、蝴蝶阀门和反向弧形阀门（图 1-5b）。

(a) 人字形闸门[4]

(b) 弧形闸门

图 1-5 船闸闸门

5. 引航道

引航道（图 1-6）为连接船闸和主航道的一段过渡航道，分上游引航道和下游引航道。引航道进出口处水流流向与流速要满足船舶安全进入和驶出，并防止泥沙因回流作用而淤积在引航道上。引航道内一般设有导航建筑物和靠船建筑物。导航建筑物多为导航墙（图 1-7a），紧靠闸首布置，以保证船舶安全进出闸室；靠船建筑物（图 1-7b）供等待过闸的船舶停靠使用。

图 1-6 船闸引航道[5]

(a) 导航墙

(b) 靠船墩

图 1-7 导航建筑物和靠船建筑物[6-7]

1.3 船闸的分类

1.3.1 按船闸的位置分类

船闸按位置可分为内河船闸和海船闸。

1. 内河船闸

建在内陆河流及人工运河上，供内河船舶航行的船闸。内河船闸的特点是平面尺度相对较小，多承受单向水头。图1-8所示为安徽省颍上船闸。

图1-8 安徽省颍上船闸[8]

2. 海船闸

建在封闭式海港港口、海运河及入海河口，供海船航行的船闸。海船闸的特点是平面尺度大，槛上水头深，多承受双向水头，无上、下闸首之分。图1-9所示为加勒比海船闸。

图1-9 加勒比海船闸[9]

1.3.2 按船闸的纵轴上闸室级数分类

船闸按纵轴上闸室级数，可分为单级船闸和多级船闸。

1. 单级船闸

船闸轴线上仅有一个闸室的船闸。单级船闸的特点是过闸时间短，通航能力大；运行管理方便；闸门、阀门及启闭机械少，可靠性高；占地面积小，便于布置；对输水系统要求高，耗水多，结构复杂，对地质条件要求高。图 1-10 所示为长洲三线四线单级船闸。

2. 多级船闸

船闸轴线上有两个及两个以上闸室的船闸。多级船闸的特点是适应较高的台地地形条件，能够承受较高水头。图 1-11 所示为三峡五级船闸。

图 1-10 长洲三线四线单级船闸[10]　　　　图 1-11 三峡五级船闸[11]

1.3.3 按并列的闸室数分类

船闸按并列的闸室数，可分为单线船闸和多线船闸。

1. 单线船闸

水利枢纽或通航水道中，仅有一条通航线路的船闸。单线船闸的特点是占地面积小，方便管理，但是与多线船闸相比，其通航能力小，承受的水头较小。图 1-12 所示为曹店单线船闸。

图 1-12 曹店单线船闸[12]

2. 多线船闸

水利枢纽中建有并列的两条或两条以上线路闸室的船闸。多线船闸的特点是占地面积大，能承受较大水头，通航能力强。图 1-13 所示为安徽省巢湖双线船闸。

图 1-13　安徽省巢湖双线船闸[13]

除上述船闸外，还有一种省水船闸。省水船闸[14]在闸室的一侧或两侧修建贮水池，用于暂时贮存闸室泄水时泄出的部分水量；待闸室需要灌水时，再将贮存的水灌入闸室，以节省过闸用水量。省水船闸除了具备普通船闸的特点外，还具有以下特点：①减小船闸运行耗水量，节省水资源；②降低输水阀门工作水头，船闸输水系统易于设计和施工等。省水船闸可以有效解决工业、农业与航运的争水问题，并且对航道通过能力影响较小。图1-14 所示为我国第一座省水船闸——乌江银盘船闸。

图 1-14　乌江银盘省水船闸[15]

1.4　国内外船闸建造发展历程

国外的船闸始建于 15 世纪[16]，我国的船闸建造始于唐代[17]。船闸建造的发展经历了四个重大阶段。第一阶段，船闸为木结构，尺寸及水头小。第二阶段，从 19 世纪开始，船闸应用了圬工结构和钢结构，尺寸、水头都有所增大，并发展了门上输水及短廊道输水等各种头部输水形式。第三阶段，从 20 世纪开始，船闸建设随着钢筋混凝土、钢铁、机械、电气等工业以及水工模型试验的发展而迅速发展，船闸的结构及水力学计算趋于系统化，进一步完善了头部输水系统研究，并广泛采用长廊道分散输水系统的形式，船闸尺寸增大至200多米长、20多米宽,水头增大至10多米[16]。从20世纪50年代开始,船闸发展进入第四阶段,船闸的尺寸更大,提升船闸过船效率的同时,通过消除长廊道输水的惯性影响,保证了船舶过闸的安全性,闸门、输水廊道阀门以及导航墙的应用形式更为多样[16]。

1.4.1 国外船闸建造发展历程

国外船闸工程的建造发展历程以美国、西欧与俄罗斯等地区为例,代表着世界船闸建造的先进水平。

根据美国陆军工程兵团和田纳西河流域开发管理局统计的1949—1967年间所建造的船闸[16],部分船闸平面尺寸达到33.6m×366m,最小水深为5m;美国其他较小船闸的宽度为17m、25.6m,长度为122m、183m、244m,最小水深为2m、3m、4m。

西欧的大型船闸尺寸,在美因河上达到12m×300m,易北河上达到25m×230m,多瑙河上达到24m×230m;1971年12月建成的法国哈佛尔船闸,长400m、净宽65.4m、高24m,可通行25万t以上船舶,其容积达643000m³,每个闸门宽11.1m、长70.5m、高24.55m;比利时的乌捷维也船闸,长360m、宽43.6m,最小水深为11m;荷兰的乌美登船闸,长344m、宽60m;德国的不来梅港船闸,长372m、宽50m[16]。图1-15所示为巴拿马运河船闸。

俄罗斯的最大船闸尺寸为30m×320m。

随着船舶吨位的增大,1967年比利时建成的安特卫普港的赞特夫立脱船闸已达到长500m、宽57m,最小水深为14m,可容纳4条3万t级船,最大过船吨级为10万t[16]。

图1-15 巴拿马运河船闸[18]

1.4.2 国内船闸建造发展历程

船闸在我国古时又称斗门,早在唐代中叶以前就已出现;宋代以后船闸技术有了较大发展。在唐开元十九年(公元731年),为了方便交通运输,已经在长江与运河的接口处建立了船闸,此时船闸可以随时启闭。到了北宋时期,为了从东南水路往京城运粮,此时复式船闸和澳式船闸开始出现[17]。

新中国成立以后,我国在船闸建设方面成就斐然。目前,我国已在长江干线、京杭运河、西江干线、嘉陵江、汉江、湘江等建造船闸900余座[19],其中大中型船闸300余座。20世纪80年代,在长江干线建造葛洲坝船闸,最大工作水头为27m,其中1号、2号船闸尺寸达到280m×34m,3号船闸尺寸达到120m×18m。2003年,三峡双线五级船闸建成运行,设计最大总水头为113m,船闸尺寸为280m×34m,可通过万吨级大型船队。在嘉陵江上建成了马回、东西关、草街、红岩子、新政、金溪、小龙门等航运枢纽,船闸有效尺寸为120m×16m,其中东西关、草街船闸工作水头达27m,可通航500t船舶吨级。在汉江干流上建成了新集、崔家营、雅口、碾盘山、兴隆(图1-16)等船闸,其中崔家营船闸尺寸为190m×23m,最大工作水头为10m,是汉江干流上第一个千吨级船闸。在湘江干流上建成了潇湘、近尾洲、大源渡、株洲等船闸，其中近尾洲在原有500t级的船闸基础上，又修建了1000t级船闸，大源渡、株洲船闸的通航能力为1000t，尺寸为180m×23m。在京杭运河上建成了台儿庄、万年（图1-17）、微山、韩庄、解台、刘山、宿迁、淮阴、淮安等船闸[19]。

图1-16　兴隆船闸[20]

图1-17　万年船闸[21]

安徽省水系众多，属于水运大省。随着皖江城市带、中原经济区、皖南国际文化旅游示范区等国家战略以及合肥经济圈、沿江城市群等省内区域发展战略的深入推进，为内河水运的发展提供强大的发展动力。截至目前，在建的引江济淮水资源综合利用重大工程及省内沱河、浍河、合裕线等沿线，已建成南坪（图1-18）、蓟县、固镇复线、五河复线、巢湖、裕溪等船闸；新汴河、沙颍河等航道已建成耿楼复线（图1-19）、灵璧等船闸。"十四五"期间，将在新汴河、浍河、涡河、沙颍河、淮河等航道上新建宿州、团结、临涣、大寺、阜阳复线、临淮岗复线等船闸工程。

图1-18　南坪船闸[22]

图1-19　耿楼复线船闸[23]

2020年5月，交通运输部印发的《内河航运发展纲要》[24]明确指出："到2035年，内河航运基础设施、运输服务、绿色发展、安全监督等取得重大突破，在综合交通运输中的比较优势得到充分发挥，服务国家战略的保障能力显著增强，内河千吨级航道达到2.5万km；物联网、人工智能等新一代信息技术在内河航运中广泛应用。"在此背景下，我国内河航运基础设施正朝着"绿色、安全、高效、优质、智能"的方向发展。

第2章 大型船闸工程的智能装备

2.1 引言

大型船闸工程的智能装备属于船闸工程大型施工机械，具有感知、决策、控制和执行功能，是信息化与工业化深度融合的重要体现，也是高端装备建造业的重点发展方向，可实现机械本体结构设计、多源传感技术、自动化控制等多学科交叉。本章针对以装配式智能移动模机和内廊道智能移动模机为代表的大型船闸工程智能装备，从装备功能设计、智能传感方式以及自动控制原理等方面，对其结构和功能进行分析；基于船闸施工过程，建立移动模架、液压支架和悬吊系统的物理体系；研究移动模架、液压支架和悬吊系统的工作机理，构建大型船闸工程的智能装备控制模型。

2.2 大型船闸工程的智能装备组成

随着我国基础设施的快速发展，建筑、交通等领域的建造装备取得可喜进展，如空中造楼机、架桥机等。但在水运工程领域，智能建造装备仍落后于欧美发达国家，关键智能技术受制于人，严重制约了我国水运工程建设的高质量发展。船闸作为水运交通的重要控制性工程，"十四五"期间全国将投资建设上千亿元的大型船闸工程，其中仅安徽省规划船闸工程就达20余项，这为我国大型船闸工程智能装备的研发与应用提供了广阔前景。

大型船闸工程主要由闸室、闸首、输水系统、闸门、引航道以及相关配套设备组成。目前，闸室墙建造大多采用人工搭设脚手架、贝雷架组合等方式（图2-1），施工中，钢管支架、贝雷架等模板支撑需反复拆装，存在安全风险大、施工效率低、质量难以保障等问题，且闸室墙由于结构因素影响，在钢筋绑扎和混凝土浇筑振捣时，工人操作安全性差，钢筋保护层、混凝土密实性等施工质量难以保障。输水廊道建造时，存在廊道内模行走困难、外侧支架机械化程度低等问题。

尽管国内外企业已开发了闸室墙移动模架等中小型装备，但仅用于闸室墙建造，其自动化、数字化、网络化、智能化、集成化水平低。在"新基建"和5G背景下，面向未来水运基础设施"绿色、安全、高效、优质、智能"的行业发展需求，开发大型船闸工程建造智能装备及研究关键技术，必将有力地推动我国水运行业与区域经济的快速发展。

图 2-1 钢管支架与贝雷架

根据船闸工程特点，内河大型船闸智能装备主要由闸室墙和长廊道建造等成套智能装备以及附属装置组成，主要智能化装备包括：

1. 装配式智能移动模机

研发闸室墙装配式智能移动模机。设计轻量化模机支撑结构，提出模机安全监测方案，研发配套智能控制系统。模机安全状态预警准确率不低于 98%，大幅提高闸室墙大面平整度和施工智能化水平。

2. 内廊道智能移动模机

研发输水廊道可折叠滑移内模装备，开发液压伺服控制系统和自动伸缩机构，研制模块化标准内模板及轨道式滑移装置，解决长廊道建造智能装备自动伸缩调节及滑移等技术难题。

2.3 大型船闸工程的智能装备设计研发

2.3.1 装配式智能移动模机

船闸闸室装配式智能移动模机（图 2-2）主要包括轻型模架支撑系统、行走台车系统、悬吊系统、整体式钢模板系统四大硬件系统。由轻型模架作为支撑系统，形成整个体系的稳定骨架，通过悬吊横梁和电动葫芦组成悬吊系统，悬吊整体式钢模板。由轨道、小平车、机电设备和横梁组成行走台车系统。按照闸室墙施工段的长度和高度，设计分片定制钢模板，然后拼接成整体式钢模板，悬吊在支撑系统上。由精轧螺纹钢制作的对拉螺栓将内、外侧模板限位，防止胀模。通过支撑系统立柱上的横向微调拉杆，调整模板垂直度和模板位置。现浇混凝土具有一定强度后，松开对拉螺栓，脱模，移动整体式钢模板至下个施工段。

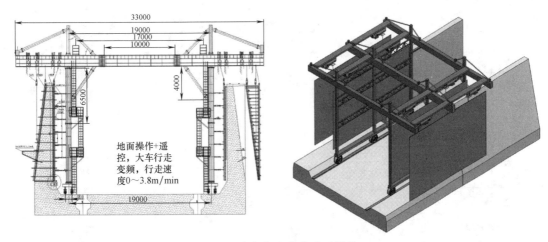

图 2-2　船闸闸室智能移动模机

1. 轻型模架支撑系统

通过箱形钢梁、方管、圆管支撑等钢结构构件代替传统钢管支撑体系，连接方式由焊接、螺栓连接代替脚手架连接，且安装完成直至工程结束再拆卸，大大缩短施工人员安拆脚手架所用工期，其结构体系的安全性、可靠性、合理性得到极大的提高。船闸闸室装配式智能移动模机轻型模架如图 2-3 所示。

(a) 数字化模型　　　　　　　　　　　　　(b) 施工现场

图 2-3　装配式智能移动模机轻型模架

2. 行走台车系统

行走台车系统主要由 4 套主动台车组、2 套从动台车组、6 套平衡体装置及 6 套耳板铰接装置组成。台车组主要由直径 400mm 的钢轮、4×6.3kW 的四机电机、减速器、制动轮、联轴器及制动器等组成。电动机通过减速器及 3 级齿轮减速，分别安装在门架的四个角，使其运行平稳。

模机的单侧双轨道上分别安装夹轨器，使其在模机非工作状态安全固定（图 2-4）。在 4 组主动台车组的外侧分别安装锚定装置，以便在吊运模机时减少侧向力引起的误差。

通过电机驱动伺服电机，实现智能移动模机的移动（图 2-5），且在机电系统的基础上装配无线遥控系统，以实现操作室远程操作、遥控手柄近程操作、移动系统远程操作等多种操作方式。行走台车上布置预警监控系统，可在智能移动模机行走过程中实时监控附近障碍，以保证行走安全。

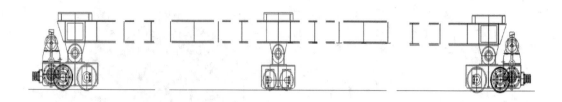

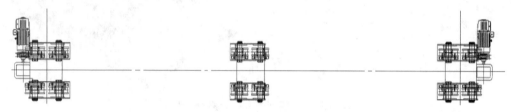

图 2-4　行走系统轨道布置

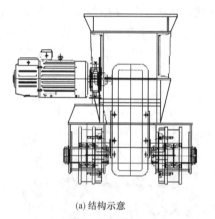

(a) 结构示意

(b) 施工现场

图 2-5　行走驱动机构

3. 悬吊系统

智能移动模机采用悬吊系统，通过吊车梁及电动葫芦，实现整体式钢模板系统的移动。悬吊横梁和电动葫芦组成悬吊系统如图 2-6 所示。悬吊系统横梁两端各设 4 根横梁，利用法兰盘螺栓与钢箱梁连接。每个横梁下悬吊电动葫芦，其中最外侧一排葫芦主要用于外拉模板，使其离开混凝土墙面；内侧三排葫芦主要用于悬吊模板。闸室墙钢模板通过悬吊系统挂在模机行车横梁上。模板上设置吊装横梁，每个横梁上 8 个吊点，每个面板 2 根横梁。上部吊点设置在顶部横梁上，下部吊点设置在模板竖向背肋上。

悬吊系统在配备机电设备的基础上，也装配无线遥控系统，通过操作室远程操作、遥控手柄近程操作、移动系统远程操作等多种操作方式，实现整体式钢模板系统的提升、下降、脱模、合模及前后微调等，确保混凝土养护完成后，整体式钢模板系统可以快速、高效地从混凝土表面脱离。

4. 整体式钢模板系统

装配式智能移动模机采用整体式钢模板系统。通过在施工现场组装整体式钢模板子模板，与悬吊系统连接，实现模板施工过程的整体化（图 2-7）。整体式钢模板系统借助悬

图 2-6　悬吊系统

图 2-7　闸室墙钢模板

吊系统，可实现模板系统在空间任何位置的移动；同时，整体式钢模板系统作为子模板的整体集合，可保证模板的施工效率及闸室墙混凝土的施工质量。

整体式钢模板系统主要由大型钢模、对拉螺栓和微调丝杆组成。大型钢模为工厂定制，并依据设计拼装方案进行整体式钢模板拼装，先拼接成几大块，待平车运行到指定位置后，将单块模板吊装就位，利用模板调整丝杠调整模板垂直度，再通过电动葫芦悬吊模板，逐块拼装。最后，在支撑系统上将几块模板拼装成整体式钢模板。

2.3.2　内廊道智能移动模机

内廊道智能移动模机主要由液压机械臂、上方液压千斤顶、下方液压千斤顶、升降装置和转动模板组成，如图 2-8 和图 2-9 所示。

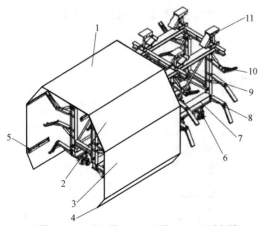

1—顶模；2—上端侧模；3—侧模；4—下端侧模；
5—合页；6—行走结构；7—支撑架；8—下伸缩臂；
9—中伸缩臂；10—上伸缩臂；11—顶升结构

图 2-8　内廊道移动模机半剖视图

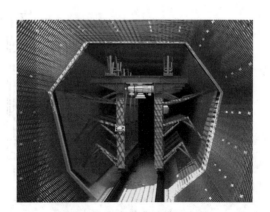

图 2-9　内廊道移动模机实景

1. 液压机械臂

采用液压机械臂实现模板的转动和收缩（图 2-10），代替原来依靠人工的对拉螺杆。

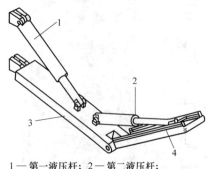

1—第一液压杆；2—第二液压杆；
3—二级连接杆；4—一级连接杆

图 2-10 液压机械臂

当混凝土浇筑完成后，根据养护时间判断当前混凝土强度水平。当达到强度要求时，机械臂将自动收模，进行到下一阶段施工，极大地缩短了工期，提升了工作效率。对于横截面尺寸不同的廊道，通过合理设置双关节机械臂转动的角度，分别控制上关节和下关节液压伸缩杆的移动，从而控制机械臂摆动的角度和伸长的距离，可运用于任意截面尺寸的廊道上。

2. 液压千斤顶

采用上方液压千斤顶，各处千斤顶同时升降，避免模板损伤。采用下方液压千斤顶，当支模工况时，下方液压支柱将升起，且上方液压支柱也升起，可承受更大荷载。下方液压支柱设置小马凳，当支模时，可将反作用力传至地面，避免反作用力损害轨道，减少不必要的损失。

3. 转动模板

转动模板在保持原有模板与模板之间螺栓连接的基础上，增加合页转动装置，使得模板与模板之间可形成转动，便于支模和脱模。转动模板有助于提升效率，适用于不同横截面尺寸的长廊道。

4. 行走系统

内廊道智能移动模机采用 AGV 行走系统，通过在原步进电机的基础上进行优化和改进，实现人工智能控制行走（图 2-11）。基于液压伸缩柱，底端为一设有方形槽的小马凳，避免支模时荷载通过轮子传至轨道，减少了对轮子和轨道的损害，也降低了施工成本。采用新式移动装置，在轨道上间隔布置传感器，并在电机上布置与传感器相匹配的控制器，传感器的间隔距离以实际廊道长度为标准，使得模机的移动距离实现准确化。

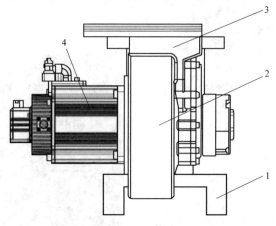

1—小马凳；2—行走轮；3—刹车件；4—电机

图 2-11 行走系统

2.4　整体式钢模板设计研发

2.4.1　整体式钢模板组成

闸室墙钢模板由迎水面模板（图 2-12）、背水面模板（图 2-13）、端侧模板（图 2-14）及对拉螺杆组成。迎水面、背水面和端侧模板主要包括面板、纵向连接板、纵向连接角钢、横向连接板、横向加强筋、纵向加强筋、纵筋连接板、吊孔加强板、拉杆垫板、圆弧加强板、防漏浆槽口、三角板等。其中，迎水面模板面板采用厚度为 5mm 的整块钢板，并保证模板平整度不大于 1mm/m；横向加强筋采用 10 号槽钢，与面板通过间断焊连接，双面满焊，以实现横向加强筋与模板的固结，并在横向加强筋间采用横向连接板进行竖向约束；横向加强筋与 160a 双槽钢的纵向加强筋通过间断焊连接，以实现面板支撑骨架的拼装；在钢模板宽度方向两侧，采用∟10 的纵向连接角钢进行封边，纵向连接角钢与面板、横向加强筋间通过间断焊连接；在钢模板高度方向最低处，设置防漏浆槽口与各类加强板，以保证模板接缝处的密闭性以及模板的整体刚度和稳定性。

背水面模板与迎水面模板组成类似，但各部件材料规格略有不同，详见图 2-13。在端侧模板上设置规格为 8 号槽钢的活动背筋，以利于模板拼装，使得装配式模板适用范围更广，容错率更高。迎水面模板与背水面模板对立而放，端侧模板对立镜像而放，相邻模板之间通过高强度螺栓连接纵向连接角钢，实现模板拼装；迎水面模板与背水面模板通过对拉螺杆与栏杆垫板实现模板预紧力的施加，以保证模板整体的完整性和密闭性；在所有模板纵向加强筋上均设置有吊孔加强环，以实现模板系统与悬吊系统的连接，极大地增强了模板拼装过程中的灵活性。与常规闸室墙模板施工工艺相比，采用移动模机施工工法，迎水面模板与背水面模板均为一体化模板，可在地面上预先完成整体焊接与拼装。

2.4.2　整体式钢模板设计

1. 整体式钢模板侧压力

整体式钢模板与传统闸室墙模板在结构上存在一定差异，但在浇筑混凝土时，模板所受荷载工况是类似的。对于迎水面模板、背水面模板和端侧模板，均需考虑新浇混凝土作用于模板的侧压力及振捣混凝土荷载，其计算过程如下：

1）新浇混凝土作用于模板的侧压力

行业标准《建筑施工模板安全技术规范》JGJ 162—2008[25] 第 4.1.1 条规定：当采用内部振动器时，新浇筑混凝土作用于模板的侧压力标准值 F 按下式进行计算：

$$F = \min(F_1, F_2) \tag{2-1}$$

$$F_1 = 0.22\gamma_c t_0 \beta_1 \beta_2 v^{\frac{1}{2}} \tag{2-2}$$

$$F_2 = \gamma_c H \tag{2-3}$$

式中，F、F_1、F_2 为新浇混凝土对模板的侧压力计算值（kN/m^2）；γ_c 为混凝土的重力密度（kN/m^3）；v 为混凝土的浇筑速度（m/h）；t_0 为新浇混凝土的初凝时间；β_1 为外加剂影响修正系数；β_2 为混凝土坍落度影响修正系数；H 为混凝土侧压力计算位置

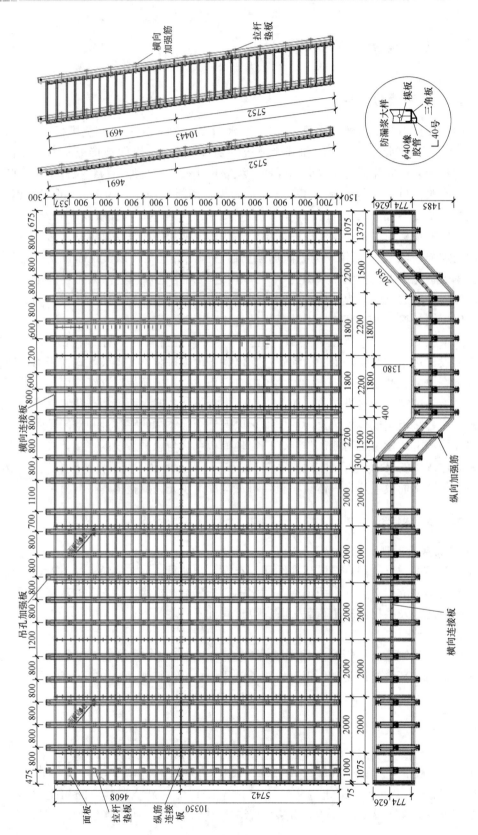

图 2-12 迎水面模板

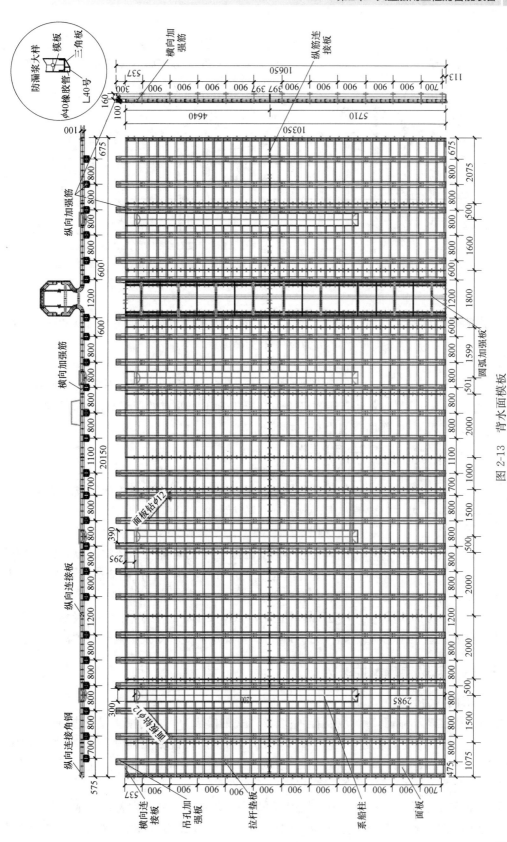

图 2-13　背水面模板

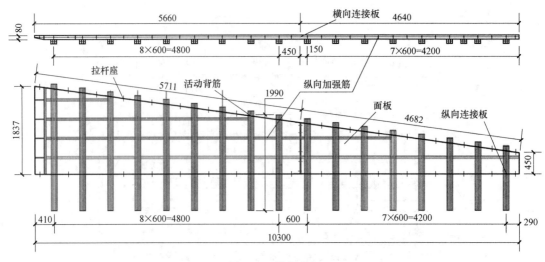

图 2-14 端侧模板

处至新浇混凝土顶面的总高度（m）。式（2-1）对应混凝土侧压力的分布如图 2-15 所示，

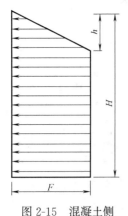

图 2-15 混凝土侧
压力分布

$h = F/\gamma_c$，h 为有效压头高度。

2）振捣混凝土荷载

振捣混凝土时对垂直面模板产生的荷载标准值可取 $4kN/m^2$，且作用范围在新浇筑混凝土侧压力的有效压头高度之内[25]，本节作用范围为 $0 \sim h$。

2. 施工工况

1）钢模板吊装工况

本节针对钢模板自重荷载工况，并考虑模板及支架自重标准值取值范围，取分项系数为 1.35。

2）混凝土浇筑工况

（1）为充分考虑实际施工中的可能性，依据文献［25］中的最不利荷载组合作为承载能力极限状态的控制荷载组合形式，即：$0.95 \times (1.2 \times$ 新浇混凝土作用于模板的侧压力 $+1.4 \times$ 振捣混凝土荷载）。

（2）为充分考虑实际施工中变形的可能性，依据文献［25］中的最不利荷载组合作为正常使用极限状态的控制荷载组合形式 G_{4k}，即新浇筑混凝土对模板侧压力的标准值。

2.4.3 整体式钢模板设计实例

1. 模板侧压力计算

本节以引江济淮派河口船闸项目闸室墙整体式钢模板为例，对模板设计进行介绍。闸室墙高 10.35m，混凝土采用分层浇筑，以 0.5m 为一层；混凝土强度等级为 C25，坍落度为 $120 \sim 150mm$，密度为 $2450kg/m^3$；现场运输混凝土及泵送混凝土交通工具分别为混凝土筒式搅拌车及混凝土泵车，其泵送效率为 $30 \sim 50m^3/h$。

结合闸室墙混凝土工程施工现场情况，式（2-1）～式（2-3）中各系数取值为：泵送效率取均值，即 $40m^3/h$；混凝土初凝时间通常为 $2 \sim 4h$，初定为 3h；现场所用混凝土均为普通混凝土，重力密度取 $24.5\mathrm{kN/m^3}$；因现浇混凝土掺有缓凝剂，外加剂影响修正系数 β_1 取 1.2；现场混凝土经检测坍落度为 $110\sim150\mathrm{mm}$，混凝土坍落度影响修正系数 β_2 取 1.15；取振捣时间为 0.5h；t_s 为每一层浇筑开始时刻，t_e 为每一层混凝土振捣结束时刻，即 $t_\mathrm{e}=$ 每一层浇筑完成时刻＋振捣时间。

因混凝土初凝时间初定为 3h，经计算，易发现：当进行新一层混凝土浇筑时，其浇筑高度 1.5m 以内（包含计划浇筑的 0.5m 混凝土）混凝土均未初凝，而 1.5m 以下混凝土已初凝（即新一层混凝土浇筑时，其之前紧邻的两层均未初凝，其余已初凝）。本节考虑未初凝新浇混凝土对模板的侧压力。不同浇筑进度下混凝土对模板的侧压力如表 2-1 所示。

不同浇筑进度下混凝土对模板的侧压力　　　　　　　　　　表 2-1

浇筑高度 (m)	1.5m 内浇筑混凝土体积 ($\mathrm{m^3}$)	实际浇筑速率 (m/h)	F_1 ($\mathrm{kN/m^2}$)	F_2 ($\mathrm{kN/m^2}$)	H (m)	$H-h$ (m)
1.5	84.89	0.707	12.25	36	0.510	0.989
2.0	82.84	0.724	12.40	36	0.516	0.983
2.5	80.80	0.743	12.55	36	0.523	0.976
3.0	78.75	0.762	12.71	36	0.529	0.970
3.5	76.71	0.782	12.88	36	0.537	0.962
4.0	74.67	0.804	13.06	36	0.544	0.955
4.5	72.62	0.827	13.24	36	0.551	0.948
5.0	70.58	0.850	13.43	36	0.559	0.940
5.5	68.54	0.876	13.63	36	0.568	0.931
6.0	66.49	0.902	13.84	36	0.576	0.923
6.5	64.44	0.931	14.06	36	0.585	0.914
7.0	62.40	0.962	14.28	36	0.595	0.904
7.5	60.36	0.994	14.52	36	0.605	0.894
8.0	58.31	1.029	14.78	36	0.615	0.884
8.5	56.27	1.066	15.04	36	0.627	0.872
9.0	54.22	1.107	15.32	36	0.638	0.861
9.5	52.18	1.150	15.62	36	0.651	0.848
10.0	50.13	1.197	15.94	36	0.664	0.835
10.35	43.56	1.377	17.10	36	0.712	0.787

2. 有限元分析模型

采用 MIDAS/Gen 有限元软件进行闸室墙钢模板体系整体应力变形计算。闸室墙钢模板模型如图 2-16 所示，边筋、竖筋、背肋采用梁单元；对拉螺杆、螺栓采用桁架单元。在闸室墙钢模板体系的节点连接方式中，板单元与连接竖筋或背肋通过节点共用的方式进行组合；竖筋与背肋采用弹性连接中的刚性连接；螺栓与边筋采用弹性连接。边筋、竖筋和背肋均采用 Q355 钢材；将对拉螺杆及螺栓视为刚性体，即弹性模量为 206GPa，泊松比为 0.3。

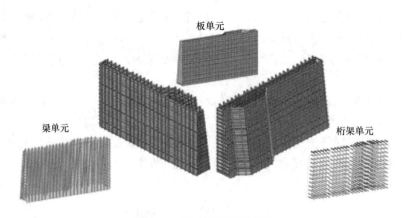

图 2-16　闸室墙钢模板模型

3. 边界条件

按实际施工条件并充分结合安全性考虑边界条件。将模板与承台之间的连接视为临时支承，并将承台设为固定支座；因空间位置限值，拱形内侧横向背肋与竖筋无法采用节点共用方式进行模拟，考虑到实际中背肋对竖筋的约束作用，采用弹性连接中的刚性连接对其进行约束；拱形内侧背肋与平面侧背肋间采用螺杆连接，螺杆采用桁架单元并以一般连接中释放梁端约束的方式进行模拟；相邻模板间的螺栓连接采用弹性连接。

4. 施工工况分析

1）钢模板吊装工况

吊装工况下，迎水侧钢模板边筋、竖筋、背肋组合应力最大值为 5.5MPa＜［δ］＝305MPa，且最大应力出现在模板宽度方向两端竖筋最上端，如图 2-17（a）所示。背水侧钢模板边筋、竖筋、背肋组合应力最大值为－5.59MPa＜［δ］＝305MPa，且最大应力出现在模板宽度方向中部竖筋最上端，如图 2-17（b）所示。

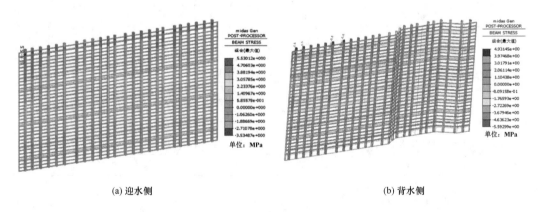

(a) 迎水侧　　　　　　　　　　　　　　　　　(b) 背水侧

图 2-17　吊装钢模板梁单元应力

2）混凝土浇筑工况

依据上述计算过程，选取钢模板吊装及新浇筑混凝土 0～1.5m、2～3.5m、4.5～6m、7～8.5m、9～10.35m 等施工工况，分析钢面板、肋条及对拉螺杆等不同部件在上述工况下的应力及变形水平。以新浇筑混凝土 7～8.5m 施工工况为例，分析钢模板各部件应力及变形分布如图 2-18 所示。

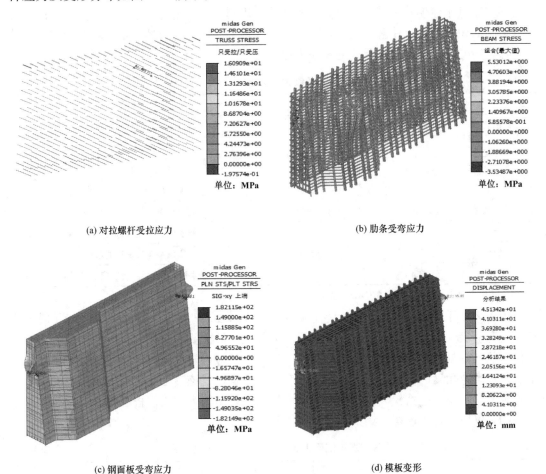

(a) 对拉螺杆受拉应力　　　　　　　　　(b) 肋条受弯应力

(c) 钢面板受弯应力　　　　　　　　　(d) 模板变形

图 2-18　新浇筑混凝土 7～8.5m 工况下钢模板应力及变形分布

汇总分析各工况下不同部件的最大应力 σ_{max} 及出现位置，如表 2-2～表 2-4 所示。

各工况下对拉螺杆最大应力 σ_{max} 及出现位置　　　　　　　表 2-2

工况	桁架单元最大应力 σ_{max}（MPa）	最大应力位置
钢模板吊装完成（自重）	−0.11	1 层对拉螺杆 15685mm、113mm 处
新浇筑混凝土 0～1.5m	13.96	1 层对拉螺杆 15685mm、113mm 处
新浇筑混凝土 2～3.5m	11.93	4 层对拉螺杆 13885mm、2613m m 处
新浇筑混凝土 4.5～6m	17.46	7 层对拉螺杆 13885mm、5313mm 处
新浇筑混凝土 7～8.5m	16.09	10 层对拉螺杆 13885mm、8013mm 处
新浇筑混凝土 9～10.35m	12.08	11 层对拉螺杆 18685mm、9813mm 处

注：表中正值表示拉应力，负值表示压应力。

由表 2-2 可知，各工况下对拉螺杆最大拉（压）应力均小于 20MPa，且最大应力 σ_{max}

为 17.46MPa，未达到屈服。通过比较各工况下最大应力位置可发现，最大应力主要出现在沿闸室墙方向 13885～18685mm 范围内，即闸室墙背侧模板形状突变区域，这主要是因为闸室墙背水侧模板为带有一定倾斜角度的不规则模板，呈上端窄、下端宽，且该突变区域模板面积较大，致使各工况下，荷载作用区域范围内的对拉螺杆承受较大的拉力。其中，形状突变处桁架单元所承受的拉应力更大。

各工况下肋条最大应力 σ_{max} 及出现位置 　　　　　　　　　　　表 2-3

工况	梁单元最大应力 σ_{max} (MPa)	最大应力位置
吊装迎水侧钢模板	5.53	第 1 根竖筋 10165.5mm 处
吊装背水侧钢模板	−5.59	横向 5685mm、纵向 10639mm 处
钢模板吊装完成	2.36	闸室墙端头模板近背水侧纵筋上端
新浇筑混凝土 0～1.5m	55.86	闸室墙端头模板近迎水侧横筋
新浇筑混凝土 2～3.5m	73.04	闸室墙端头模板近背水侧纵筋上端
新浇筑混凝土 4.5～6m	110.07	闸室墙端头模板近背水侧纵筋上端
新浇筑混凝土 7～8.5m	85.94	闸室墙端头模板近背水侧纵筋上端
新浇筑混凝土 9～10.35m	−54.81	闸室墙背侧模板形状突变处纵筋顶部

注：表中正值表示拉应力，负值表示压应力。

由表 2-3 可知，各工况下肋条最大应力 σ_{max} 为 110.07 MPa，未达到屈服。并通过比较各工况下最大应力位置可发现，梁单元应力较大区域主要发生在闸室墙端头模板和背侧模板形状突变处。其中，背侧模板形状突变处梁单元应力较大是因为闸室墙背水侧模板为带有一定倾斜角度的不规则模板，呈上端窄、下端宽，且该突变区域模板面积较大，致使各工况下，梁单元应力较大；端头模板应力较大主要是因为端头模板与内侧、背侧模板之间的约束仅依靠螺栓连接，约束强度相对较弱。

各工况下钢面板最大应力 σ_{max} 及出现位置 　　　　　　　　　　　表 2-4

工况	板单元最大应力 σ_{max} (MPa)	最大应力位置
吊装迎水侧钢模板	0.25	迎水侧模板最顶端
吊装背水侧钢模板	−5.59	闸室墙背侧模板形状突变区域下部
钢模板吊装完成后	0.31	闸室墙背侧模板形状突变区域中部
新浇筑混凝土 0～1.5m	−89.24	闸室墙端头模板近背侧下端
新浇筑混凝土 2～3.5m	−33.99	闸室墙端头模板近背侧下端
新浇筑混凝土 4.5～6m	−64.44	闸室墙端头模板近背侧中端
新浇筑混凝土 7～8.5m	−192.59	闸室墙端头模板近背侧上端
新浇筑混凝土 9～10.35m	−35.41	闸室墙端头模板近背侧顶端

注：表中正值表示拉应力，负值表示压应力。

由表 2-4 可知，各工况下板单元最大应力为 −192.59MPa，未达到屈服。浇筑混凝土时，板单元应力最大位置主要在闸室墙端头，与上述梁单元应力最大位置类似，说明端头模板需要加强约束。

表 2-5 给出了各工况下整体式钢模板最大位移及分布位置。由表 2-5 可知，各工况下最大变形为 39.20mm，小于规范限值（计算跨度的 1/400，即 50.55mm）。浇筑混凝土时

最大位移主要出现在闸室墙端头模板，进一步说明闸室墙模板两端构造以及约束相对较弱。

各工况下最大位移 U_{max} 及出现位置　　　　　　　表 2-5

工况	位移等值线 U_{max}（mm）	最大位移位置
异形钢模板吊装完成后	0.05	闸室墙背侧模板形状突变中部区域
新浇筑混凝土 0～1.5m	10.92	闸室墙端头模板近内侧底端
新浇筑混凝土 2～3.5m	15.41	闸室墙端头模板近背侧中下端
新浇筑混凝土 4.5～6m	28.39	闸室墙端头模板近背侧中端
新浇筑混凝土 7～8.5m	39.20	闸室墙端头模板近背侧中上端
新浇筑混凝土 9～10.35m	14.79	闸室墙端头模板近内侧顶端

5. 结构体系优化

1）杆件截面优化

基于《钢结构设计标准》GB 50017—2017[26]，采用 MIDAS/Gen 软件进行整体式钢模板杆件截面优化设计，并在保证结构安全性的基础上，提高各构件材性的利用率，减轻闸室墙模板的质量，降低施工成本。根据《钢结构设计标准》GB 50017—2017[26] 和《建筑施工模板安全技术规范》JGJ 162—2008[25] 的规定，设置相应的预警值：钢构件的应力限值为 305MPa；钢模板侧向变形为模板计算跨度的 1/400，即 50.55mm。

各构件截面优化前后对比如表 2-6 所示，优化前后应力、变形对比如图 2-19 和表 2-7所示。优化前，闸室墙模板各单元最大组合应力比大多小于 0.4，且大多集中在 0.2 以下，说明大多数单元的材性没有得到充分利用。进行截面形状和尺寸优化后，闸室墙模板各单元最大组合应力比幅值较优化前有明显提升，最大提升 0.7 左右，大大提高了钢材利用率，且结构自身质量由 51.9t 减小到 39.0t，钢材用量减少了 12.9t，钢材成本减少7.07 万元。

构件截面优化前后对比　　　　　　　　　表 2-6

截面号	优化前	优化后
1	⊐⊏ 160	⊐⊏ 126
2	⊏ 100×48×5.3/8.5	⊏ 80×43×5/8
3	⊏ 100×48×5.3/8.5	⊏ 50×37×4.5/7
4	∟ 100×10	∟ 36×4
5	⊏ 80×43×5(8)	⊏ 63×40×4.8(7.5)
6	⊏ 80×43×5(8)	⊏ 50×37×4.5(7)
7	⊐⊏ 80	⊐⊏ 80
8	⊏ 100×48×5.3(8.5)	⊏ 50×37×4.5(7)
9	⊐⊏ 160	⊐⊏ 126
10	∟ 100×10	∟ 40×3
11	∟ 100×10	∟ 40×3
12	⊏ 100×48×5.3(8.5)	⊏ 50×37×4.5(7)

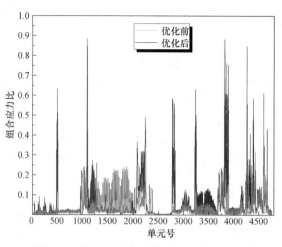

图 2-19　构件优化前后单元组合应力对比

构件优化前后应力、变形对比　　　　　　　　　　　　　　　表 2-7

工况	优化前		优化后	
	桁架最大应力 σ_{max}(MPa)	最大应力位置	桁架最大应力 σ_{max}(MPa)	最大应力位置
吊装过程（自重）	−0.11	1层对拉螺杆15685mm、113m处	−0.62	1层对拉螺杆15685mm、113m处
新浇筑混凝土 0～1.5m	13.96	1层对拉螺杆15685mm、113mm处	20.90	1层对拉螺杆15685mm、113mm处
新浇筑混凝土 2～3.5m	11.93	4层对拉螺杆13885mm、2613mm	25.60	1层对拉螺杆15685mm、113mm处
新浇筑混凝土 4.5～6m	17.46	7层对拉螺杆13885mm、5313mm	16.78	7层对拉螺杆13885mm、5313mm处
新浇筑混凝土 7～8.5m	16.09	10层对拉螺杆13885mm、8013mm	15.28	10层对拉螺杆13885mm、8013mm处
新浇筑混凝土 9～10.35m	12.08	11层对拉螺杆18685mm、9813mm	14.33	11层对拉螺杆4485mm、9813mm处
工况	优化前		优化后	
	梁最大应力 σ_{max}(MPa)	最大应力位置	梁最大应力 σ_{max}(MPa)	最大应力位置
吊装过程	2.36	闸室墙端头模板近背水侧纵筋上端	5.53	闸室墙端头模板近背水侧横筋上端
新浇筑混凝土 0～1.5m	55.86	闸室墙端头模板近迎水侧横筋	−201.17	闸室墙端头模板近迎水侧横筋
新浇筑混凝土 2～3.5m	73.04	闸室墙端头模板近背水侧纵筋上端	−273.87	闸室墙端头模板近迎水侧纵筋上端
新浇筑混凝土 4.5～6m	110.07	闸室墙端头模板近背水侧纵筋上端	−283.06	闸室墙内侧模板边筋中部
新浇筑混凝土 7～8.5m	85.94	闸室墙端头模板近背水侧纵筋上端	−241.31	闸室墙内侧模板边筋中部
新浇筑混凝土 9～10.35m	−54.81	闸室墙背侧模板形状突变处纵筋顶部	−178.65	闸室墙端头模板边筋中上部

续表

工况	优化前		优化后	
	板最大应力 σ_{max}(MPa)	最大应力位置	板最大应力 σ_{max}(MPa)	最大应力位置
吊装过程	0.31	闸室墙背侧模板形状突变区域中部	−0.40	闸室墙端头模板近内侧下端
新浇筑混凝土 0~1.5m	−89.24	闸室墙端头模板近背侧下端	−77.47	闸室墙端头模板近背侧下端
新浇筑混凝土 2~3.5m	−33.99	闸室墙端头模板近背侧下端	−37.27	闸室墙端头模板近背侧下端
新浇筑混凝土 4.5~6m	−64.44	闸室墙端头模板近背侧中端	−68.65	闸室墙端头模板近背侧中端
新浇筑混凝土 7~8.5m	−192.59	闸室墙端头模板近背侧上端	−179.53	闸室墙端头模板近背侧上端
新浇筑混凝土 9~10.35m	−35.41	闸室墙端头模板近背侧顶端	−35.7	闸室墙端头模板近背侧上端

工况	优化前		优化后	
	最大变形 U_{max}(mm)	最大位移位置	最大变形 U_{max}(mm)	最大位移位置
异形钢模板吊装完成后	0.05	闸室墙背侧模板形状突变中部区域	0.31	闸室墙背侧模板形状突变中部区域
新浇筑混凝土 0~1.5m	10.92	闸室墙端头模板近内侧底端	11.71	闸室墙端头模板近内侧底端
新浇筑混凝土 2~3.5m	15.41	闸室墙端头模板近背侧中下端	17.96	闸室墙端头模板近背侧中下端
新浇筑混凝土 4.5~6m	28.39	闸室墙端头模板近背侧中端	32.98	闸室墙端头模板近背侧中端
新浇筑混凝土 7~8.5m	39.20	闸室墙端头模板近背侧中上端	42.65	闸室墙端头模板近背侧中上端
新浇筑混凝土 9~10.35m	14.79	闸室墙端头模板近内侧顶端	16.46	闸室墙端头模板近内侧顶端

2）其余优化建议

（1）降低混凝土泵送效率或两侧闸室轮流分层施工，可显著降低荷载作用高度及侧向荷载大小，进而大幅降低钢模板应力水平。

（2）结构破坏易发生在闸室墙端头模板，主要是因为现有施工技术中，端头模板与内侧模板和外侧模板主要依靠高强度螺栓连接，但高强度螺栓连接数量有限且分布不合理，因此，可加强端头模板与其余模板之间的约束，如加大横筋分布密度等。

（3）异形闸室墙钢模板为拼装大模板，优化时可在端头模板与内侧、外侧模板增加一些构造措施以增强约束，如在端头模板边筋处增加连接肋等。

2.5　控制系统研发

2.5.1　控制系统基础组成

智能装备的自动控制是指对装备采取一定的控制措施，建造过程中被控对象的某些物理量准确地按照预期的规律变化。自动控制系统通过应变计、加速度传感器、位置传感器及视觉传感器等传感方式，可实现装备状态以及建造施工环境的实时监测，经反馈回路变换后，全部或者部分送回控制器；通过设计合适的控制算法，制订控制决策方案，将控制指令发送到驱动装置，实现对施工装备的动态调整修正。

1. 传感装置

传感装置通常以传感器的形式在控制系统出现。传感器在自动控制系统中的作用是，将与控制相关的物理信号变成电信号输入控制器（系统）。传感系统的主要特征是微型化、数字化、智能化、多功能化、系统化及网络化，是实现自动检测和自动控制的首要环节。

2. 驱动装置

智能装备一体化控制中的驱动元件一般包括电动驱动机构、液压驱动机构、气压驱动机构、伺服驱动机构等用于控制的驱动装置，而非单纯用于动力输出的驱动元件。电动驱动安装灵活，使用方便，在自动控制系统中应用广泛。气压驱动结构简单，重量轻，工作可靠并具有防爆特点，在中、小功率的装备应用较多。液压驱动功率大，运行平稳，广泛用于大功率的控制系统。在选择和使用驱动元件时，除了保证带动负载之外，还应考虑其控制性能。

3. 控制器

控制器是控制系统实现控制功能的软件和硬件集成，其核心部分为智能控制系统。控制系统由单套集控系统、多套现场控制系统以及通信网络组成。集控系统对各现场控制系统进行集中管理和控制；现场控制系统可脱离网络单独运行，满足不同规模水平船闸施工控制需求，且现场控制系统作为视觉传感等环境感知节点和智能化控制终端，通过传感器检测可实现施工全过程监控和状态反馈。

2.5.2 视觉检测控制技术

为实现装备状态以及建造施工环境的实时监测，智能建造装备涉及多种类型的传感方式，例如动态应变计、加速度传感器、位置传感器及视觉检测传感器等。视觉检测控制技术具有智能化程度高和环境适应性强等特点，在多种智能装备中得到广泛应用，与其他检测传感技术相比，其优点主要包括：①智能化程度高，具有人无法比拟的一致性和重复性；②信息感知手段丰富，可以采用多种成像方式，获取空间、动态、结构等信息；③检测速度快，准确率高，漏检率和误检率低；④机器视觉与智能控制技术结合，可实现基于视觉的高速运动控制、视觉伺服、精确定位和恰当力的优化控制，极大地提高控制精度。视觉检测关键技术包括视频信号采集获取、模数转换（A/D 转换）、DSP 压缩、特征提取等（图 2-20）。

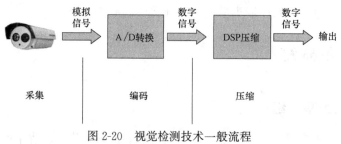

图 2-20 视觉检测技术一般流程

视觉检测控制系统包括前端采集、传输、控制、显示、记录五个组成部分，各部分之间环环相扣，形成一个完整的监控防护系统（图 2-21）。

1. 前端采集部分

前端采集部分一般由一台或多台摄像机及红外灯、声音采集设备、防护罩等组成，主要功能为采集画面、声音、报警信息和状态信息。摄像机录制画面后，传输到监控系统中，并可以实现镜头的拉近、推远、变焦控制等，解码器作为控制镜头和云台的重要设备，可以在监控台通过电脑控制镜头的移动。

2. 传输部分

视觉检测控制系统中的传输过程是指利用光纤、双绞线、无线网络等传输、控制指令及状态信息。传输部分根据输送的类型不同，分为数字信号和模拟信号。这两种信号系统的成本和传输性能不太相同，可视需要进行选择和组合。

3. 控制部分

控制部分是视觉检测控制系统最重要的部分，可以控制视频/音频信号的显示切换、整个系统资源的分配、镜头的推拉、云台、通信接口切换、监视器、配套电源等。

4. 显示部分

显示部分主要负责将得到的视频、音频信号在终端设备输出。终端显示设备经过不断更新，已从最早的监视器、液晶监视器发展为投影仪、LCD拼接屏等。

5. 记录部分

记录部分主要保证图像等数据最终被完好地存储并归档。记录部分采用的设备包括硬盘录像机、网络硬盘录像机和网络存储等，小型监控系统与大中型监控系统采用的设备各有不同。

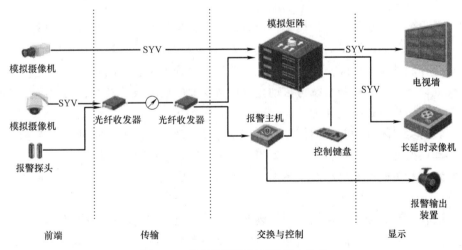

图 2-21 视觉检测控制系统基本结构

2.5.3 控制系统的设计

船闸闸室装配式智能移动模机控制系统主要由移动模架行走系统、模板悬吊控制系统、液压支撑控制等组成。模架行走系统采用 $4 \times 5.5 kW$ 四机驱动，以保证设备平稳运行；模板悬吊控制系统具备远程及现场控制功能，且设置拉力变送器，随时监控悬吊控制系统受力情况（图 2-22）。

图 2-22　控制室及电箱位置

船闸施工过程中，移动模架作为关键主体装备，其运行的稳定性和可靠性至关重要。模架的移动由驱动电机性能状态和移动模机负载状态决定。悬吊安装系统属于大模板安装核心装备，悬吊运行过程中，应遵循悬吊驱动装置与带悬吊模板类型匹配的原则，灵活制订安装控制方案。另外，控制系统应引入过载、过流、过拉力、超限等安全极限保护，以避免设备因施工人员操作失误或其他原因损坏。

为保证智能化模板安装、浇筑、拆除各工序高效协同运行，设计开发了完整的船闸施工自动化解决方案，以实现施工过程的精准可控及动态管理。船闸自动化系统将各个独立的子系统集成，通过多种技术（控制、以太网、无线、视频、通信、液压等）的融合，实现控制终端对设备的整体自动化监控。控制终端自动化系统总体架构如图 2-23 所示。

控制系统可实现以下 9 大基本功能：

（1）单设备启停功能，包括模架行走系统启停、悬吊系统启停及液压支撑系统启停。

（2）具备设备间的逻辑启动功能。其中模架行走系统启动与悬吊系统启动及液压支撑系统启动存在联锁关系，即模架行走系统启动运行过程中无法启动悬吊系统及液压支撑系统，以保证设备安全。控制系统可自动完成设备层面的启动条件判断、启动逻辑控制、停止条件判断、停止逻辑控制和意外情况造成的顺序停止。

（3）具有急停闭锁功能。通信控制系统还可以实现双向通信，实时获取装备的运行状态。若移动模架处于运行状态，则自动闭锁悬吊系统及液压支撑系统设备。

（4）装备状态模型参数动态反馈修正。可对整体模式、全局参数、局部模式、局部参数进行修正。

（5）装备状态监测。装备相关运行数据经过数据通信传输给集中控制器，并在控制终端上进行显示，显示内容需包含：移动模架、悬吊系统及液压支架工作状态，各个设备控制模式，主体结构应力-应变曲线，移动轨道路面状态以及悬吊系统安全状态等数据信息，实现对设备的远程监测。

（6）智能化状态运行控制。对既定施工工序的执行过程、施工效果进行有效监测，及时反馈，根据反馈情况及时调整状态运行控制参数，形成控制闭环，实现自动化运行、吊装。对移动模架自动移位运行如轨道障碍物扫描报警、负载工况判定、驱动系统状态等进行自动调节。

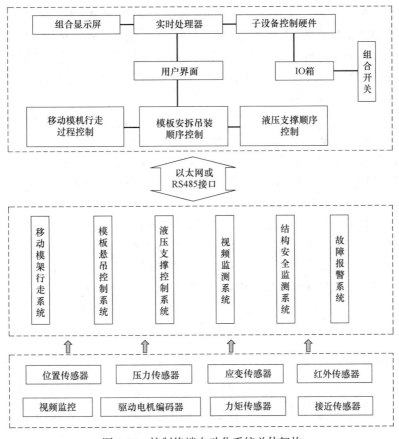

图 2-23 控制终端自动化系统总体架构

（7）移动模架安装分布式视频监控装备，对本体结构和施工环境进行视频监控以及跟机视频。视频监控装备采用以太网进行视频传输，传输接口采用以太网电口传输，具有红外补光功能，通过有线或无线的方式接到控制终端显示器，进行工作面视频显示，实现在视频显示器上自动切换视频摄像仪画面等功能。

（8）防碰撞功能。系统自动完成移动模架、液压支架、悬吊系统安全距离的监测，避免设备干涉。

（9）故障管理。将装备运行故障报警进行集成显示，对可能出现的故障进行分析，实现故障分级管理。

2.6 智能移动模机工作过程

2.6.1 模机安装

移动模机主体结构主要为行走台车、钢结构支撑和悬吊三大系统，其中行走台车系统主要由轨道、小平车、机电设备和横梁组成。使用高强度螺栓将夹轨器锚固于闸室底板上，以固定钢轨。钢轨的间距、顶面高程应平整一致。小平车上设纵、横梁，以均衡承受上部荷载。

钢结构支撑包括支腿、横梁和斜撑，其中支腿为箱形钢梁，分为 3 段，采用螺栓连接，现场施工只需将各节支腿用螺栓连接紧固即可。主梁采用箱形钢梁，分为 3 段，采用螺栓连接，先在地面上将每道梁用螺栓连接成整体，连接时调整好主梁的直线度，各主梁的高低不能相差太大。组装好的主梁的直线度、上拱度、旁弯值、悬臂端上翘度、对角线相对差等均应符合设计及验收要求。

吊装时应选择无大风、无雨、能见度好的时间段，依照安装方案进行。吊装顺序为：先吊装台车组及地梁，然后组装支腿，分别立装 6 个支腿并调整垂直度，采用 2 台 70t 吊车共同吊装已组好的主梁；主梁吊装完成后，用 12t 吊车配合安装工人迅速将支腿与主梁连接，整台设备连接成一个整体，再安装下一个主梁；待主梁全部组装后，安装侧框架横梁形成整体，再进行其他安装工作。

总体模机安装流程如图 2-24 所示。在闸室墙大模板模架系统、悬吊系统、模板系统全部安装完成，仔细检查无误后，进行试运行工作。安排专人操作指挥，首先对大模板的安拆进行试操作，然后对模架进行试行走，左右侧同时开启从动轮电机，仔细观察台车移动是否保持一致。发现异常应立即解决，直至确保运行及操作顺畅。

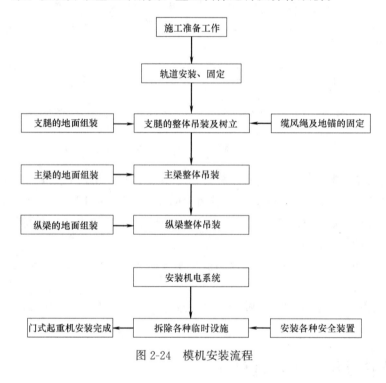

图 2-24　模机安装流程

2.6.2　模板安装

1. 模板拼装

模板到达现场后，先在闸室内搭设模板拼装平台，拼装平台顶部采用挂线找平，确保拼装平台顶部平整，避免拼装时各模板之间产生错台；每侧模板由小块模板组装成 4 块大模板，模板之间采用螺栓连接，连接完成后将模板对拼背肋进行焊接，以固定拼接模板，避免产生错台；考虑到模板在吊装时翻身及胀模等情况，在模板背面加焊纵、横向大肋；

分块拼装完成后，采用吊车将模板吊离拼装平台，放置附近空地进行抛光、打磨、刷油，放置时严禁堆积多层，防止模板挤压变形。

2. 模板吊装

模板分块拼装完成后，采用额定起重量 75t 的汽车起重机，将模板分块吊至移动模架进行悬挂，组成整个墙身模板。然后，采用额定起重量 25～75t 的汽车起重机配合人工吊装就位。先吊装背水面模板，固定后再安装迎水面模板。注意两边墙体模板应对称安装。

闸室墙身内、外侧模板通过电动葫芦悬吊、对拉杆、内撑、调节螺杆等进行加固。对拉杆采用精轧螺纹钢；调节螺杆设置在支腿与模板内壁之间，在支腿上焊接双拼匚16 槽钢作为调节螺杆底座，将调节螺杆一端焊接在支腿上，另一端焊接在模板内壁。通过吊点梁下设置的电动葫芦吊起模板，并通过直拉及斜拉对模板位置进行初步调整，之后使用调节螺杆对内侧模板进行线型调整和垂直度校正。内侧模板固定完成后，在内、外侧模板之间加设内撑、安装对拉杆，外侧模板通过手动葫芦的斜拉进行坡度校正，最后拧紧对拉杆，整个内、外墙模板通过"内顶外拉"进行加固。

3. 模板拆除

在混凝土强度达到拆模要求后方可拆模。冬期施工时，模板对新浇筑混凝土起到保温御寒的作用，如在混凝土尚未达到临界强度前拆除模板，又不能及时保温覆盖，将给混凝土结构带来冻害损伤。拆模时应有明确的拆模方法，做到循序渐进、稳妥可靠，按"先支后拆、后支先拆"及"先拆非承重模板、后拆承重模板"的顺序进行拆除，不可图省事全部拆除支撑系统后，再撬动模板使其整体下落。在拆模过程中不得大力撞击模板，避免混凝土表面及棱角因拆模不当而受损破坏。

模板施工具体流程如图 2-25 所示。

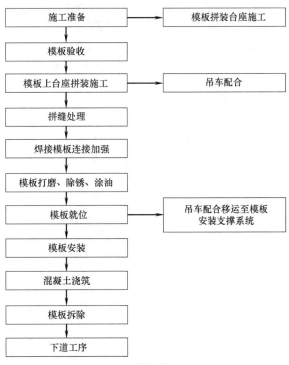

图 2-25　模板施工流程

2.6.3 模机行走

模机按不超过3m/min的速度，通过行走平车将整体大模板缓慢而稳定地移运至下一闸室墙施工段，就位后固定。移动过程中，移动模机操作人员应时刻注意操作室监控系统，观察轨道周边情况，排除安全隐患，确定具体施工位置，控制移动模机的行走距离。

行走过程中，速度必须均匀、缓慢，不得急停或猛加速，防止大模板因惯性导致失稳，且行走过程中，要保持警笛声长鸣。

2.6.4 模机拆卸

待最后一段闸室墙均浇筑、养护完成，经技术审核达到拆除条件后，进行倒序拆卸：①对相关电气设备进行停电、移除处理，因这些设备价格昂贵、可反复利用且易损伤，故先行拆除。②通过吊车辅助，操作人员手动拆卸手动葫芦、电动葫芦及吊车梁。③自上而下，对支撑系统所包含结构（如上侧拉杆、主梁、侧框架横梁、主框架及侧框架支撑、中间立柱及角柱、侧框架横梁等）进行拆卸，尤其注意螺栓连接及焊接处，切不可随意对主体结构采取切割等有损结构强度及几何尺寸的操作。④移除行走台车系统，先移除侧框架连接台车组的下横梁，其次，通过吊车移除被动台车组及主动台车组。⑤移除底板上的钢轨，并对安装钢轨时所造成的螺栓孔进行修补、填充。模机拆卸流程如图2-26所示。

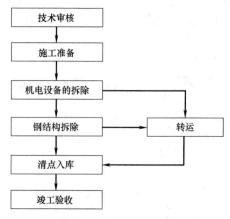

图 2-26 模机拆卸流程

第3章　大型船闸工程的智能建造

3.1　引言

船闸工程施工过程中，涉及基础施工、闸首施工、闸室施工、附属结构施工、金属结构以及机电安装等方面。随着社会的快速发展，传统的船闸工程建造技术已落后于时代发展的需求，迫切需要对船闸建造技术进行创新和改进。为满足新时代对船闸建造的要求，本章基于传统的船闸工程施工技术进行"智能"建造工艺的开发，使船闸工程建造过程更加便捷、安全、高效。

3.2　船闸基础施工技术

本节主要介绍船闸基础施工技术，包括基坑防渗与支护施工技术、基坑开挖施工技术、基坑降排水施工技术。其中，基坑防渗与支护施工技术主要包括混凝土截渗墙、高压旋喷桩、深层搅拌桩、钻孔灌注桩、混凝土预制桩等施工技术；基坑降排水技术包括轻型井点降水、深井井管降水、普通明沟和集水井排水等施工技术。本节将从概念、适用范围、优缺点、施工工艺流程、技术要点五个方面分别进行表述。

3.2.1　基坑防渗与支护施工技术

由于施工场地临近河道，船闸基坑开挖过程中存在坑底地下水位偏高以及土体稳定性不足等问题，因此在基坑开挖之前需要在其周围进行相关防渗与支护结构施工，形成防渗帷幕，避免基坑发生渗水，确保基坑周围土体的稳定以及整个施工过程的安全。目前船闸基坑施工常用的防渗与支护施工技术有混凝土截渗墙、高压旋喷桩、深层搅拌桩、钻孔灌注桩、混凝土预制桩等。

1. 混凝土截渗墙施工技术

1）概念

混凝土截渗墙是在地面上采用一种挖槽机械，沿着工程的周边轴线开挖出一条狭长的深槽，通过吊放钢筋笼以及灌注混凝土筑成的一道连续的钢筋混凝土墙体，具有截水、防渗、承重、挡水作用[27]。

2）适用范围

地下连续墙适用于软弱的冲积层、中硬地层、密实的砂砾层以及含岩石的复杂和地质条件差的地层，也适用于开挖深度较大、周边环境要求较高的基坑[28]。

3）优缺点

优点：施工振动小，墙体刚度大，整体性好，施工速度快，可节省土石方[29]。

缺点：造价高，施工时需有专业的设备[29]。

4）施工工艺流程

混凝土截渗墙施工工艺流程如图 3-1 所示。

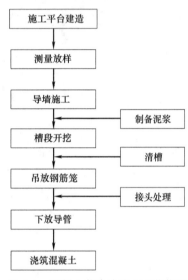

图 3-1 混凝土截渗墙施工工艺流程

5）技术要点

（1）施工平台建造

根据现场已有资料（尤其是地下水资料），确定最低施工平台高程（应高于施工期最高地下水位 2m 以上）并进行场地平整，施工平台应坚固、平整。

（2）测量放样

根据设计图纸测放出防渗墙施工轴线和导墙样线。

（3）导墙施工

在槽段开挖前，沿截渗墙纵向轴线位置构筑导墙（图 3-2），导墙轴线应与截渗墙轴线重合，允许偏差为±15mm；导墙内侧面应垂直，墙顶高程的允许偏差为±20mm；导墙深度一般为 1～2m，应建立在坚实的地基上。当地基土质松散或软弱时，修建导墙前应对地基进行加固，导墙外侧填土应夯实，不得漏浆。

导墙沟槽开挖后，及时浇筑一层混凝土垫层作为底模，其他部位模板应牢固，严防跑模；浇筑混凝土前应检查模板的垂直度、中线及净距是否满足设计要求。导墙混凝土强度达到 70％以上可拆模，拆模后应在导墙间加支撑。

图 3-2 导墙施工[30]

（4）制备泥浆

拌制泥浆的土料可选择膨润土、黏土或两者的混合料，具体配合比在根据地质条件、成槽深度、成槽工艺、施工条件等选择合适的泥浆种类后通过试验确定。常用的泥浆处理剂有分散剂、增黏剂、加重剂等，其品种和掺加率应通过试验确定。泥浆采用泥浆搅拌机进行拌制，严格按照配合比配料，并严格按照投料顺序投料，搅拌要均匀，搅拌时间不得少于8min，直接使用时搅拌时间不少于12min。一般新配泥浆密度应控制在$1.01\sim1.05t/m^3$，循环过程中泥浆密度控制在$1.25\sim1.30t/m^3$；如遇松散地层，混凝土浇筑时，槽内混凝土密度控制在$1.15\sim1.25t/m^3$。[31]

在成槽过程中，要不断向槽内补充新泥浆，使其充满整个槽段。泥浆表面应高出地下水位0.5m以上，且不低于导墙顶部0.3m。浇筑前需测定泥浆密度，施工过程中要加强泥浆管理，成槽过程中每进尺2～3m测定一次泥浆密度和黏度，如果不合格，应及时进行调整。

（5）槽段开挖

挖槽施工前，一般将截渗墙划分为若干个槽段，每个槽段有若干个挖掘单元。在导墙墙面做好槽段的控制标记，如有封闭槽段时，必须采用两段式成槽。成槽前对成槽设备进行一次全面检查，各部件必须连接可靠。挖槽过程中应保持槽内始终充满泥浆，以保持槽壁稳定。当遇到坚硬地层或岩层时，可采用冲击钻将其破碎。槽段开挖结束后，应检查槽位、槽深、槽宽及槽壁垂直度等项目[31]。

（6）清槽

当挖槽至设计深度后，应停止钻进，仅使钻头空转；利用符合要求的新泥浆，逐步置换槽内带浮渣的浆液，可直接利用水泥泵循环浆液，将槽内浮渣和槽底沉渣带出槽外，直至浆中无明显碎屑。槽内泥浆密度应控制在$1.15t\sim1.25t/m^3$，黏度在25～30s之间，含砂率小于8%。

（7）吊放钢筋笼

在钢筋加工车间制作钢筋笼（图3-3），钢筋笼按槽段长度和宽度进行加工，各节之间随下随焊接，直至要求深度。钢筋安装时应将水平钢筋安装在外侧，纵向钢筋安装在内侧。在搬运和起吊过程中，宜布置斜拉钢筋和承重钢筋。钢筋笼在主体工程墙体中的保护层厚度不小于75mm，钢筋笼底部与槽段底的距离为300～500mm。钢筋笼下沉前需确定导管的位置并留有足够的空间，钢筋孔底部钢筋应向内收拢，以免下放钢筋笼时刮伤槽壁；钢筋笼在起吊下沉前应正确测量钢筋的长度和接头长度，在槽口焊接加长，逐节随下随焊，直至下完为止；钢筋笼下放时要保证钢筋笼对准槽口中心位置，垂直下入；钢筋笼下放受阻严重时不强行施压，以防钢筋笼变形或槽壁坍塌。钢筋笼下沉时间过久，宜下入风管或浆管至孔底，扰动悬浮岩屑，减少孔底淤积[29]。

图3-3　钢筋笼制作[32]

（8）接头处理

防渗墙各单元槽段之间采用接头连接，方法是在未开挖一侧的槽段端部先放置接头管，后放入钢筋笼及浇筑混凝土，根据混凝土的凝结硬化速度缓慢拔出接头管，最终在浇筑段的断面形成接头结合面。在浇筑下段混凝土前，应用专业水泥刷子沿接头上下往复移动多次，刷去接头处的残留泥浆，以利于接头处混凝土的结合。接头管一般用起重机组装、吊放，吊放时要紧贴单元槽段的端部和对准槽段中心，保持接头管垂直并缓慢地插入槽内[31]。

（9）下放导管

根据施工槽段宽度，选择合适直径的导管，导管安装间距应符合设计要求，水平布置间距不宜大于 3m，距离槽段端部不应大于 1.5m。管端用粗丝扣或法兰螺栓连接并以环装橡胶圈密封，法兰式接头外设置三角肋板，防止导管上拔挂住钢筋笼。使用前根据槽段深度编排管节，组装完成后进行水压试验，水压试验合格后，做好管节编号记录。导管用吊车吊入槽中连接，导管下口与槽底的距离控制在 150～250mm。

（10）混凝土浇筑

混凝土的实际拌合及运输能力应不小于平均计划浇筑强度的 1.5 倍，并大于最大计划浇筑强度。运至槽口的混凝土应具备良好的施工性能。混凝土的浇筑应连续进行，若因故中断，时间不宜超过 40min。混凝土的初凝时间应能满足混凝土浇筑和接头施工工艺要求，一般不低于 3～4h。

浇筑混凝土时，混凝土料顺导管进入槽底。导管埋入混凝土最小深度不宜小于 2m，最大深度不超过 6m；混凝土面上升速度不应小于 2m/h，当混凝土顶面接近槽口时，为便于混凝土流动，导管埋深可适当减小，但不宜小于 1m。浇筑开始时，要测量混凝土顶面高程，核算混凝土量与实际上升高度是否吻合，以后每隔 30min 测量混凝土的标高并计算。严防导管底口提出混凝土面[31]。

浇筑完成后，应及时拔出导管，清理并冲洗导管、漏斗、储料斗等浇筑设备。

混凝土防渗墙施工步骤如图 3-4 所示。

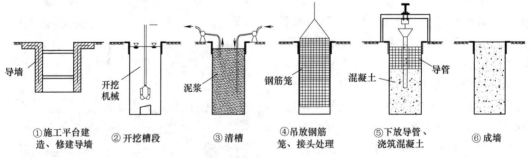

图 3-4　混凝土防渗墙施工步骤

2. 高压旋喷桩施工技术

1）概念

高压旋喷桩技术由日本在 20 世纪 70 年代首先提出。高压旋喷桩是利用射流作用切割搅拌地层，用高压旋转的喷嘴将水泥浆喷入土层与土体混合[33]，形成连续搭接的水泥加固体，达到防渗与支护的效果。

2）适用范围

高压旋喷桩主要适用于处理淤泥、淤泥质土、软塑或可塑黏性土、素填土、粉土、砂土、碎石土等土层，而当土层中含有较多的大粒径块石、大量植物根茎或有较多的有机质以及地下水流速过快时，则需要慎重使用或根据现场试验结果来确定其适用性[31]。

3）优缺点

优点：高压旋喷桩施工便捷，施工机具设备简单，占地少，机动性强；具有良好的耐久性；噪声小，成本低[31]。

缺点：施工中有大量的泥浆冒出，容易引起污染。对于地下水流速过快的地层、无充填物的岩溶地段和对水泥有严重腐蚀的土质，由于喷射的浆液无法在注浆管周围凝固，均不宜采用高压旋喷桩[31]。

4）施工工艺流程

高压旋喷桩施工工艺流程如图3-5所示。

5）技术要点

（1）场地准备

场地平整时应清除桩位处地上、地下的一切障碍物，场地低洼处用黏性土料回填夯实，并开挖沟槽和集浆池用以排浆。

（2）测量放线

根据设计要求确定桩的里程桩号及桩距并进行测量放线，设置标识，确保桩机准确就位。

（3）钻机就位

钻机就位时机座应平整、稳固，立轴与孔位对正，确保成孔质量、成孔深度。桩孔偏斜率不应大于

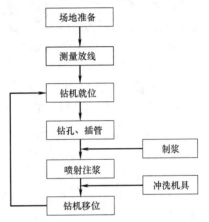

图3-5　高压旋喷桩施工工艺流程

0.5％，钻孔位置与设计位置允许偏差为±50mm。施工前检查高压设备和管路系统，其压力和流量必须满足设计要求；注浆管及喷嘴内不得有任何杂物，注浆接头须密封完好。

（4）钻孔、插管

在确定的桩位钻孔，按照设计要求钻至设计深度。当采用旋喷管进行钻孔作业时，钻孔和插管两道工序可以合二为一，钻孔至设计深度时，即可开始旋喷；采用其他钻机钻孔时，应拔出钻杆再插入旋喷管，在插管过程中为防止泥砂堵塞喷嘴，可以用较小的压力边下管边射水，至设计标高后停止钻进。钻进时应详细记录孔位、孔深、地层变化和漏浆、掉钻等特殊情况，对不利情况应及时应对[31]。

（5）制浆

浆液宜使用水泥浆，所使用的水泥品种和强度等级应根据工程要求确定，其强度等级可为32.5级或以上，浆液的水灰比可为0.6∶1～1.5∶1。根据需要可在水泥浆液中加入外加剂与掺合料，外加剂与掺合料的种类和掺入量应通过室内试验和现场高喷灌浆试验确定[29]。

（6）喷射注浆

旋喷注浆时应先空载启动空压机，待运转正常后向孔内送风，使风量和泵压逐渐升高至规定值，之后开动注浆泵，待泵压正常后开始注浆，待水泥浆流出喷头后，提升注浆

管，自下而上喷射注浆（图 3-6）。深层旋喷时，应先喷浆后旋转和提升，在桩端控制坐喷时间，以保证桩端质量。

图 3-6　高压旋喷桩注浆现场[34]

当喷射注浆过程中需拆除注浆管时，应停止提升和回转，同时停止送浆，逐渐减小风量，最后停机。拆卸完毕继续喷射注浆时，喷射注浆段应与前段搭接，防止固结体脱节。

旋喷时要做好压力、流量和冒浆等各项参数的测量工作[29]，并按要求逐项记录。在旋喷过程中，应避免喷嘴局部或全部被堵，否则要拔管清洗后重新进行旋喷。喷射注浆作业完成后，由于浆液的析水作用，一般均有不同程度的收缩，如导致固结体顶部出现凹穴，应及时用水泥浆补灌。

（7）冲洗机具

喷射施工完成后，应用清水将注浆管等机具设备冲洗干净，防治凝固堵塞。管内、机内不得残存水泥浆。

高压旋喷桩施工步骤如图 3-7 所示。

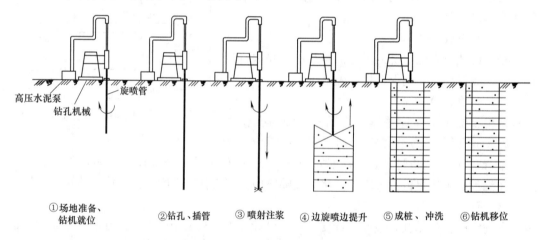

图 3-7　高压旋喷桩施工步骤

3. 深层搅拌桩施工技术

1）概念

深层搅拌桩是利用水泥作为固化剂，通过深层搅拌机械将软土或砂等与固化剂强制拌合，形成具有整体性和抗水性的抗压高强度墙体，将这些桩体搭接成一排，形成连续墙体，用以提高地基防渗和承载能力，达到防渗与支护的效果[35]。

2）适用范围

深层搅拌桩适用于处理正常固结的淤泥与淤泥质土、素填土、粉土、黏性土以及无流动地下水的松散砂土等地层。当用于处理泥炭土或地下水具有侵蚀作用时，应通过试验确定其适用性。冬期施工应注意低温对处理效果的影响[36]。

3）优缺点

优点：具有挡土、止水双重功能；可按照工程要求合理选择固化剂及其配方；设计较灵活，成桩速度快、效率高；施工噪声轻微，污染少，挤土轻微，成本低[35]。

缺点：在施工过程中位移较大，对施工周围环境要求较高，对成桩质量的监测较困难，对施工机械的性能要求很高[29]。

4）施工工艺流程

深层搅拌桩施工工艺流程如图 3-8 所示。

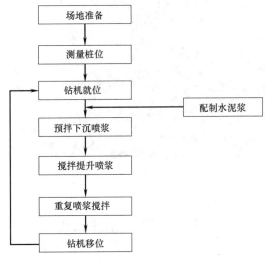

图 3-8　深层搅拌桩施工工艺流程

5）技术要点

（1）场地平整

清理施工范围内的场地以及地下障碍物，场地平整后应确保钻机可以在施工场地范围正常移动。

（2）测量桩位

按照设计图纸定位放线，开挖沟槽，然后测放桩位轴线。

（3）钻机就位

将钻机移到测放的桩位上，钻头对准桩位，偏差不大于 20mm，调整机台垂直度，垂直度偏差小于桩长的 1%。开钻前应用水清洗送浆管道，检查有无堵塞现象，检查机具各部件是否完好，确保正常施工。

（4）配制水泥浆

施工前，根据相关设计指标进行水泥配合比试验，以确定相应的水泥浆水灰比；选用水泥强度等级应符合施工设计要求。根据需要可在水泥浆液中加入外加剂与掺合料，外加剂与掺合料的种类和掺入量应通过室内试验确定。

（5）预拌下沉喷浆

待水泥搅拌桩机的冷却水循环正常后，启动搅拌桩电机，使搅拌桩机沿导向架下沉并喷浆搅拌，喷浆过程中不断搅拌水泥浆；随时观察设备运行及地层变化情况，钻头下沉至设计深度时，停止钻进。

预拌下沉过程中，当搅拌钻进困难时，应启动加压装置加压或者适当冲水，同时，应采用缩小浆液水灰比或增加掺入浆液等措施弥补冲水对桩身强度的影响[31]。

（6）搅拌提升喷浆

在提升喷浆过程中，应不断搅拌水泥浆（图 3-9），防止水泥浆离析。当喷浆口被提升或下沉到桩顶、桩底设计标高时，应停止提升或提升搅拌数秒，以保证桩底、桩头质量[29]。

图 3-9　深层搅拌桩施工现场[37]

（7）重复喷浆搅拌至设计桩顶

重复四次以上下沉喷浆、提升喷浆流程。搅拌桩机喷浆时应连续供浆，因故停浆时，应将搅拌头下沉至停浆点以下 0.5m 处，待恢复供浆时再喷浆施工。若停机超过 3h 以上，应拆卸输浆管，彻底清洗管路[29]。

（8）移位

待第一个桩位成桩之后，将钻机移动到下一个桩位，桩与桩搭接的时间不能超过 24h，间隔时间过长会影响搭接质量，此时可采取补浆或注浆措施进行处理[29]。

深层搅拌桩施工步骤如图 3-10 所示。

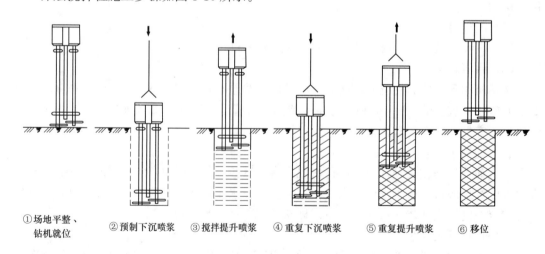

①场地平整、　　②预制下沉喷浆　　③搅拌提升喷浆　　④重复下沉喷浆　　⑤重复提升喷浆　　⑥移位
　钻机就位

图 3-10　深层搅拌桩施工步骤

4. 钻孔灌注桩施工技术

1）概念

钻孔灌注桩是指在工程现场通过机械钻孔等手段在地基土中形成桩孔，并在其内放置钢筋笼、灌注混凝土而形成的桩[29]。

2）适用范围

适用于处理软黏土质和砂土地区，在砂砾层和卵石层慎用[38]。

3）优缺点

优点：施工时噪声小，无挤土，对周围环境影响较小；墙身强度大、刚度大、支护性能好；当工程桩为灌注桩时可以同步施工，缩短工期[29]。

缺点：桩间缝隙容易造成水土流失，特别是在高水位软黏土质地区，要辅以其他措施解决挡水问题[29]。

4）施工工艺流程

钻孔灌注桩施工工艺流程如图 3-11 所示。

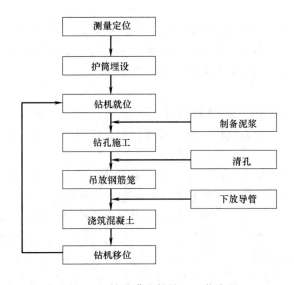

图 3-11　钻孔灌注桩施工工艺流程

5）技术要点

（1）测量定位

根据图纸做好测量工作，对每个桩位进行测定并设置防护标志。

（2）护筒埋设

护筒埋设之前应对桩位进行复核。护筒埋设时（图 3-12）护筒中心轴线对正测定的桩位中心，其偏差不大于 20mm，并保持护筒垂直，倾斜度控制在 1‰ 以内；护筒的四周要用黏土捣实，以起到固定护筒和止水的作用。护筒上口应高出地面 200mm，护筒两侧设置吊环，以便吊放、起拔护筒。护筒埋设完毕后，由测量人员进行桩位复核校正[29]。

（3）钻机就位

根据桩位对施工场地进行平整处理，保证钻机底座场地平稳，不发生倾斜、位移，钻机的机架下用方木支垫，用水准仪测量出钻机底盘顶面四角的高差，采用油顶对钻机进行调平，并固定好钻机（图 3-13）。钻头位置与桩位位置误差不大于 10mm[29]。

图 3-12　护筒埋设施工[39]　　　　　　　图 3-13　钻孔灌注桩钻机就位[40]

（4）制备泥浆

泥浆由黏土（或膨润土）和水拌制而成，泥浆在钻进过程中起到护壁和排渣的作用，要根据现场地质情况调制出相应性能指标满足施工和规范要求的泥浆，确保成孔质量。在钻进过程中及时更换废弃泥浆，定期检查泥浆性能[31]。

（5）钻孔施工

钻孔施工前应检查机电设备，防止成孔或灌注中途出现机械故障。当准备工作就绪后开始钻孔，桩身混凝土浇筑完成后24h方可进行相邻桩位的钻孔工作，避免影响桩身混凝土的凝固[29]。

泥浆循环正常后开始钻进。在钻头离护筒底口上1m左右时，采取低转速、低钻压、低进尺钻进，进尺至护筒底口1m后方可正常钻进。钻机钻进时应连续作业，不得无故停止。钻进时应严密观察孔内泥浆、水头及出浆口泥浆有无异常变化，防止塌孔；若有异常变化应首先提高孔内泥浆水头，降低钻进速度，降低转速，加大泥浆相对密度；必要时应停机检查，待查明原因并解决后，方可继续钻进。钻进过程中，泥浆的相对密度、黏度及pH值等各项指标会相应发生变化，应及时补充并调整泥浆的各项指标[29]。

（6）清孔

终孔前1～2m时，开始调整泥浆指标。终孔后，将钻头提起300～500mm，依靠钻机的泥浆循环系统，采用换浆法彻底清孔。清孔的目的是抽换孔内泥浆、清除掉渣和沉淀层，尽量减小孔底沉渣厚度，防止桩基存留过厚的沉淀土而降低桩的承载力。清孔过程中适时测定进、出浆口的泥浆指标，达到要求后，保持泥浆循环0.5h，移开钻机并安装钢筋笼、导管。导管安装完成后，测量孔底沉淀层厚度，如达不到设计要求值，应进行二次清孔，确保沉淀层厚度满足设计要求。终孔后对孔的垂直度、孔深、沉淀厚度进行检测[29]。

（7）吊放钢筋笼

钢筋笼的主筋、加强箍筋、螺旋箍筋应根据设计要求采用合适的搭接方式进行连接。钢筋笼采用吊车安放，吊装使用专用吊具，在已入孔的钢筋笼上端穿入型钢，将其悬挂于井口支架上；钢筋笼下放时严格对准孔位中心（图3-14）。全部钢筋笼安装完毕后，将钢筋笼固定在钢护筒上，防止浇筑过程中钢筋笼上浮，混凝土浇筑完毕后及时解除[29]。

（8）下放导管

导管内径根据桩孔直径确定，导管使用前应进行必要的水密承压和接头抗拉试验。导管顶部设置漏斗和储料斗，漏斗设置高度应满足操作的需要，并在灌注至最后阶段，满足对导管内混凝土高度的需要，保证上部桩身的灌注质量。漏斗与储料斗应有足够的容量储存混凝土料。

导管吊放入孔，将橡胶圈或胶皮垫安放周正、严密，确保密封良好；导管在桩孔内的位置保持居中，防止导管跑偏撞坏钢筋笼并损坏导管，导管底部距孔底高度取 300mm。导管吊装设备的吊装能力应

图 3-14　现场钢筋笼吊放[41]

考虑导管和充满导管内的混凝土的总重量及导管壁与导管内外混凝土间的摩擦力，并有一定的安全储备。

（9）浇筑混凝土

为保证灌注混凝土过程顺利进行，混凝土灌注前首先要准确计算首批混凝土的方量。二次清孔完成后，应立即开始灌注水下混凝土，具体操作如下：安装料斗，混凝土泵车泵管接入料斗，关闭料斗阀门，先将料斗灌满混凝土，打开料斗阀门，灌入首批混凝土。

灌注应连续不断地进行，每斗混凝土的灌注间隔时间应尽量缩短，严格控制提升拆卸导管所耗的时间不超过 15min。不得中途中断灌注作业，混凝土灌注速度一般可控制在 $10\sim12\text{m}^3/\text{h}$。为了防止停电造成灌注中断，施工现场配备满足搅拌灌注及照明需要的备用电源。

混凝土运送到灌注孔口时进行检查，如有泌水离析或坍落度不符合要求的现象，在不提高水灰比的原则下重新拌合，如重新拌合后的混凝土仍达不到要求，严禁灌入孔内。当导管内混凝土不满时应徐徐灌注，防止在导管内造成高压气囊及将导管连接处胶垫挤出，而使导管漏水或将空气压入混凝土内，影响混凝土强度。

灌注过程中经常用测锤探测混凝土面的上升高度，并适时地拆卸导管；灌注过程中导管的埋置深度控制在 $2\sim6\text{m}$。灌注的桩顶标高应预加一定的高度，应比设计高出 0.5m，预加高度可于施工完成后凿除，凿除时应防止损坏桩身。处于地面及桩顶以下的井口整体性钢护筒，可在混凝土灌注完毕后提起，提起时应防止过快过猛，造成填土杂物或淤泥掺入混凝土，影响桩身质量。为保证桩顶混凝土质量，在混凝土浇筑接近桩顶时采用插入式振动器振捣密实[31]。

灌注完毕后，整理冲洗现场，清除设备、工器具上残余的混凝土。钻孔灌注桩施工步骤如图 3-15 所示。

5. 混凝土预制桩施工技术

1）概念

混凝土预制桩是指在打桩现场或者附近就地预制，较短的桩也可以在预制厂生产，用沉桩设备将桩打入、压入或振入土中，具有支护、防渗功能[42]。

2）适用范围

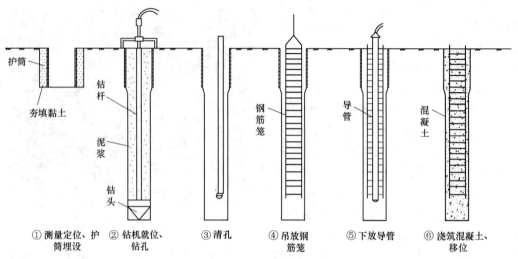

图 3-15   钻孔灌注桩施工步骤

混凝土预制桩适用于黏性土、粉土、砂土、软土等地层[42]。

3）优缺点

优点：能承受较大的荷载，施工质量易于控制，坚固耐久，施工速度快，无泥浆排放[43]。

缺点：沉桩过程中振动噪声较大，对周围环境有较大的影响，沉桩过程中挤土较为严重[43]。

4）施工工艺流程

混凝土预制桩施工工艺流程如图 3-16 所示。

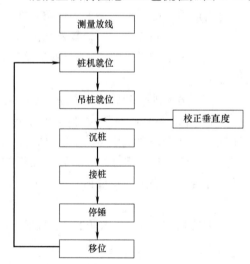

图 3-16   混凝土预制桩施工工艺流程

5）技术要点

（1）测量放线

将基准点设在施工场地外，并用混凝土加以固定保护。依据基准点，利用测量仪器测量放线，桩位测量放线误差控制在 20mm 以内，验收合格后方可进行下一步施工。

（2）桩机就位

桩机就位后，检查桩机的水平度及导杆的垂直度，桩机须平稳，控制导杆垂直度小于 0.5%；通过基准点或相邻桩位校验桩位，确保对位误差不超过 20mm[43]。

（3）吊桩就位

打桩前应标记出桩的中心线和每米等高线。一般利用桩架附设起重钩吊桩或配备起重机送桩就位，使其垂直对准桩位，将桩帽缓慢松下套在桩顶，解除吊钩，检查并使桩锤、桩帽和桩身在同一条直线上，然后慢慢将桩插入土中。

（4）校正垂直度

用锤球检查桩的垂直度并及时修正，确保桩的垂直度偏差小于0.5%[31]。

（5）沉桩

松绳将锤吊起，再拉动绳子使锤钩脱离，锤自由下落开动打桩锤（图3-17）。开始时控制油门处于较小的位置，待桩入土一定深度且稳定后，逐渐加大油门按要求落距沉桩，最大落距一般控制在2~3m。操作手控制油门大小，始终保持锤的跳动正常[31]。

（6）接桩

下段桩送至离地面约1m处，停止打桩，然后将上段桩吊好，采用锚接法或焊接法进行接桩（图3-18）。接桩时将上下两节对齐，控制上下两节中心线偏差小于5mm，弯曲度不得大于桩长的0.1%[31]。

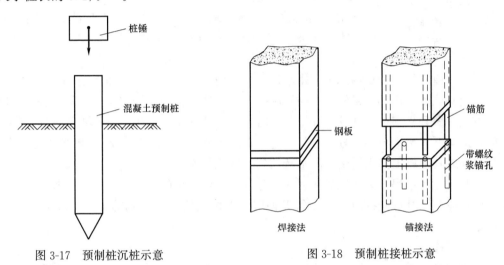

图3-17 预制桩沉桩示意   图3-18 预制桩接桩示意

（7）停锤

采用控制贯入度和控制桩顶标高的"双控"法确定停锤标准。当以控制贯入度为主时，控制最后10击贯入度在3~5mm；以控制桩顶标高为主时，控制其偏差不超过±50mm。

3.2.2 基坑开挖施工技术（放坡分层开挖）

1）概念

放坡分层开挖是指从岸坡顶部起分梯段逐层下降开挖，为了防止土壁塌方，确保施工安全，当挖方超过一定深度或填方超过一定高度时，其边沿应放出一定范围的边坡[29]。

2）适用范围

放坡分层开挖适用于场地开阔，土层较好，周围无重要建筑物、地下管线的工程。放坡高度超过5m时，建议分级放坡。在城市以及人口密集地区往往不允许采取此开挖方式。

3）优缺点

优点：施工方便、效率高，地基开挖后基础结构作业空间大，工期短、经济效益高[29]。

缺点：回填土方较大，雨期因浸泡容易局部坍塌，在软土地区施工较慢。

4）施工工艺流程

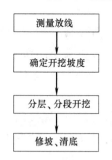

```
┌──────────────┐
│   测量放线    │
└──────┬───────┘
       ↓
┌──────────────┐
│  确定开挖坡度  │
└──────┬───────┘
       ↓
┌──────────────┐
│  分层、分段开挖 │
└──────┬───────┘
       ↓
┌──────────────┐
│   修坡、清底   │
└──────────────┘
```

图 3-19　放坡
分层开挖施工
工艺流程

放坡分层开挖施工工艺流程如图 3-19 所示。

5）技术要点

（1）测量放线

施工前测量放出设计开挖边线，对开挖范围内的地形、地貌进行复测，确定开挖范围。测量定位、抄平放线定出开挖宽度，坑底宽度应注意预留施工操作面；当挖土接近坑底时，由现场专职测量员用水平仪将水准标高引测至基槽侧壁[26]。

（2）确定开挖坡度

根据开挖深度、土体类别及工程性质确定是竖直开挖还是放坡开挖，放坡开挖时开挖坡度应符合相关规定[29]。

（3）分层、分段开挖

开挖前实施施工现场降水和排水措施，将地下水降至距开挖面 0.5m 以下。

当基坑受周边环境条件和土质情况限制，无法进行边坡开挖时，应采取有效的边坡支护方案，做到先支护再开挖。开挖基坑时，应合理确定开挖顺序、路线及开挖深度，挖土应自上而下，水平分层、分段均匀下挖。在地下水以下挖土时，应在基坑内设置排水沟、集水井或其他施工降水措施，降水持续到基础施工完成。

基坑施工过程中，出现涌水、塌方等危及基坑安全的迹象时，必须立即采取适宜的基坑保护措施。基坑开挖时，应预留保护层。对机械施工挖不到的土方，应配合人工进行挖掘[29]。

（4）修坡、清底

放坡施工时，人工应配合机械修整边坡（图 3-20），并用坡度尺检查坡度。用人工将暂留保护层挖去，同时确定坑底宽度，以此修整槽边，最后清理槽底土方。槽底修理、铲平后进行质量检查验收；开挖基坑的土方应及时运出。

3.2.3　基坑降排水施工技术

基坑降水是指在开挖基坑时，地下水位高于开挖基面，地下水会不断渗入坑内，为防止边坡失稳、基础流砂、坑底隆起、坑底管涌和地基承载力下降等，需要采取一定降水措施使地下水位降至开挖基面以下。基坑降水应与基坑开挖结合进

图 3-20　基坑开挖现场

行，保证基坑施工安全。目前船闸基坑施工中，常用基坑降排水施工技术包括轻型井点降水、深井井管降水、明沟与集水井排水等。

1. 轻型井点降水施工技术

1）概念

轻型井点降水是指沿基坑四周每隔一定间距布设井点管，井点管底部设置滤水管插入

透水层，上部接软管与集水总管连接，通过真空吸水泵将集水管内水抽出，从而达到降低基坑四周地下水位的效果[44]，保证基底干燥。

2）适用范围

轻型井点降水适用于渗透系数为 0.1～5.0m/d 的土及土中含有大量细砂和粉砂的土层以及软土地层。该方法降低水位深度一般在 3～6m 之间，若要求降水深度大于 6m，理论上可以采用多级井点系统，但要求基坑四周有足够的空间[44]。

3）优缺点

优点：减少基坑土方开挖量，对保持边坡和桩间土的稳定有利；机具设备简单，易于操作、管理，对环境无污染。

缺点：占用场地面积大，设备多、成本高。

4）施工工艺流程

轻型井点降水施工工艺流程如图 3-21 所示。

5）技术要点

（1）测设井位

按照设计要求测设井位，在井位先挖一个小土坑，深约 0.5m，以便冲击孔时集水；开挖排水沟使小土坑与集水坑连接，以便排水。

（2）安装高压水泵、钻孔

用起重机将简易井架移动到井点位置，将套管水枪对准井点位置，启动高压水泵，水压控制在 0.4～0.8MPa；在水枪高压水射流冲击下，套管开始下沉，不断升降套管与水枪；套管升降时应保持垂直。

遇到不同土层时，可以适当调整高压水泵的压力，管壁与井点管之间应有一定的间隙，以便填充砂石，且冲孔深度应低于井点管底0.5m 以上。冲孔达到预定深度后应立即降低水压，迅速拔出冲击套管，投放滤料，以防止孔壁坍塌[29]。

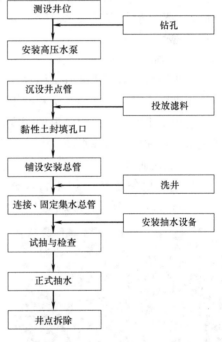

图 3-21 轻型井点降水施工工艺流程

（3）沉设井点管

沉设井点管时应缓慢，保持井点管位于井孔正中位置，禁止碰到井壁；井点管的上端应用木塞塞住，以防砂石或其他杂物进入，在井点管与孔壁之间填灌砂石滤层。

（4）投放滤料

滤料应从井管四周均匀投放，并随时探测滤料深度，以免堵塞架空，滤料必须采用粗砂，以防止堵塞滤管的网眼。投放滤料要均匀、迅速，过程不能中断，以防孔壁塌土。砂石滤层的填充高度要超过滤管顶 1000～1800mm，一般应填至原地下水位线以上，以保证土层水流上下畅通[29]。

（5）黏性土封填孔口

井点填砂后，应用黏性土将孔口填实封平，防止漏气和漏水。

（6）铺设安装总管

根据测放的孔位排放集水总管，集水总管应远离基坑一侧。为增大降深，集水总管平台应尽量降低，当低于地面时，应挖沟使集水总管平台标高符合要求。

（7）洗井

投放滤料后应及时洗井，以免泥浆与滤料产生胶结，增大洗井难度。可用集水总管连接供水水源和井点管，清水通过井点循环洗井，浑水从管外返出，水清后停止。

（8）连接、固定集水总管

井点管施工后应使用高压软管与集水总管连接，接口必须密封。各集水总管之间宜设置阀门，以便对井点管进行维修。各集水总管宜稍向管道水流下游方向倾斜，然后将集水总管进行固定[29]。

（9）安装抽水设备

抽水机组应稳固地设置在平整、坚实、无积水的地基上，水箱吸水口与集水总管处于同一高程。机组宜设置在集水总管中部，各接口必须密封。排水管径应根据排水量确定，并连接紧密[29]。

（10）试抽与检查

在正式抽水之前必须进行试抽水，以检查抽水设备运行情况，以及管道是否存在漏气现象。在水泵进水管上安装一个真空表，在水泵的出水管上安装一个压力表。为了观测降水是否达到施工组织设计所要求的深度，在基坑中心设置一个观测井点，以便通过观测井点测量水位，并描绘出降水曲线[29]。

（11）正式抽水

试抽确认设备运转一切正常，整个管路无漏气现象后，可以进行正式抽水作业（图3-22a）。抽水一周后，形成地下降水漏斗并趋于稳定（图3-22b）。

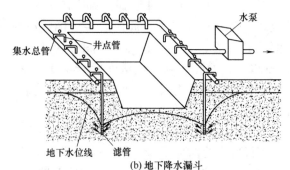

(a) 抽水现场　　　　　　　　　　　　　　　　(b) 地下降水漏斗

图 3-22　轻型井点降水[45]

（12）井点拆除

降水结束后，通过填筑黏土、素混凝土等方式封闭降水井。

2. 深井井管降水施工技术

1）概念

深井井管降水是指利用钻孔成井，通过埋置深于基底的井管，使用水泵将地下水抽出，从而达到降低基坑四周地下水位的效果，保证基底干燥[46]。

2）适用范围

深井井管降水适用于渗透系数为10～250m/d的中、强透水含水层，如砂砾、砂卵石等含水层，以及地下水丰富、降水深、时间长的降水工程，降水深度一般大于15m[29]。

3）优缺点

优点：排水量大、降水深，不受吸程限制，降水效果好；井距大，对平面布置的干扰小，不受土层限制；井点制作、降水设备及操作和维修简单，施工速度快[29]。

缺点：一次性投入较大，成孔质量严格。

4）施工工艺流程

深井井管降水施工工艺流程如图3-23所示。

5）技术要点

（1）测放孔位

根据井位平面布置图测放井位。如果施工过程中遇到障碍或受到施工条件的限制，现场可作适当调整。

（2）埋设护口管

护口管底应插入原状土层中，管外应用黏性土填实封严，防止施工时管外返浆；护口管上部应高于地面0.1～0.3m。

（3）钻机就位

钻机中心位置尽量与所放的井位中心线吻合，偏差不得超过50mm；先对钻机进行垂直度校验，确保钻杆的垂直度符合要求，机台应安装稳固、水平；多台钻机同时施工时，钻机之间要有安全距离并进行跳打[31]。

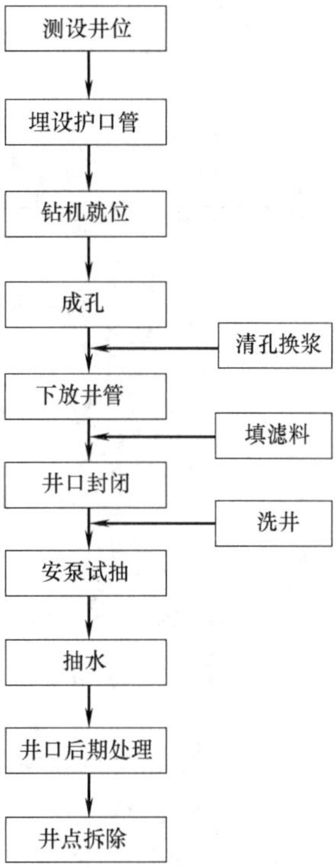

（4）成孔

各项准备工作就绪后即可开始钻井施工，钻孔施工达到设计深度时，为保证洗井后井深满足设计要求，可多钻0.3～0.5m，并做好钻探施工描述记录。

钻孔过程中，如果发现实际地质情况与勘探时提供的资料不一致，需及时通知设计人员并及时调整井的结构，确保滤水管的安放位置能够有效进水；钻进过程要保证钻机水平，成孔施工采用孔内自然造浆。当提升钻具或停工时，孔内必须压满泥浆，以防止孔壁坍塌。

（5）清孔换浆

下井管前进行清孔换浆是保证成井质量的关键工序。为了保证成孔中在含水层部位不形成过厚的泥皮，当钻孔钻至含水层顶板位置时即开始加水调浆。

钻进至设计标高后，在提钻前将钻杆提至离孔底0.5m处进行冲洗，清除孔内杂物，同时将孔内的泥浆密度调至接近1.05t/m³，孔底沉淤小于30cm，返出的泥浆内不含泥块。第一次清孔换浆是成井质量得以保证的关键，因此，施工时清孔换浆如没有达到规定的要求，不能进行下一步工序施工[31]。

（6）下放井管

井壁管采用波纹管。井管进场后，检查过滤器的缝隙是否符合设计要求。下管前必须

图3-23　深井井管降水施工工艺流程

（流程图：测设井位 → 埋设护口管 → 钻机就位 → 成孔 → 下放井管 ← 清孔换浆 → 井口封闭 ← 填滤料 → 安泵试抽 ← 洗井 → 抽水 → 井口后期处理 → 井点拆除）

测量孔深，孔深符合设计要求后开始下井管。

吊放井管时应垂直，并保持在井口中心；焊接井管时应牢固、垂直、不透水，下放到设计深度后，井口固定居中。为防止雨水泥砂或异物流入井中，井管应高出地面50cm，井口加盖。

（7）填滤料

填滤料之前应用测绳测量井管内外深度，两者的深度值需比沉淀管深度大50cm。滤料沿井四周均匀填入，宜保持连续，不得中途停止。填滤料时应随填随测滤料填入高度，最终的投入滤料量不小于计算量的95%。

（8）井口封闭

采用黏性土封孔时，围填前需将黏土捣碎后填入，围填时控制填入速度与数量，在井口管外做好封闭工作，此时深井内部结构完成施工（图3-24）。

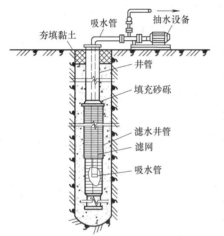

图3-24 深井井管构造

（9）洗井

洗井的目的是清除井壁上的泥皮，并把深入到含水层中的泥浆清洗干净，恢复含水层的孔隙。洗井在下放井管、填放滤料后立即进行，过程不得中断，以免时间过长，护壁泥皮逐渐老化难以破坏，影响渗水效果。洗井时要将井底泥砂吹净、洗透，直至洗出清水。

（10）安泵试抽

成井施工结束后，应及时下入潜水泵，铺设排水管道、电缆等；安装抽水和排水系统，施工完成一口成井后立即开始试抽，以便及时抽通水井，确保井的出水量。试抽水之前，需测定各个井口的地面标高及静止水位。试抽水主要检查抽水设备、抽水与排水系统能否满足降水要求。电缆与管道系统设置时，应避免在抽水过程中被损坏，需安装漏电保护系统[31]。

（11）抽水

确认设备运转一切正常后（图3-25），在基坑开挖前1周可以进行正式抽水作业。抽水工作应与土方开挖施工密切配合。

3. 明沟与集水井排水施工技术

1）概念

明沟与集水井排水是指在基坑的两侧或四周设置排水明沟，在基坑四角或每隔30~40m设置集水井，使基坑渗出的地下水通过明沟汇入集水井中，然后用水泵将集水井中的水抽出基坑外的降水方法。明沟与集水井排水可以阻止地下水流入基坑内部，避免对施工造成不利影响[48]。

2）适用范围

图3-25 深井井管降水现场[47]

明沟适用于土层较密实、坑壁较稳定、基坑较浅、降水深度不大的基坑降水工程。进行放坡开挖时，可以在边坡上开挖多级明沟进行截流。工程上，明沟与集水井排水经常结合其他降水方式一起使用[48]。

3）优缺点

优点：施工方法比较简单，抽水设备少，管理方便，成本费用低。

缺点：降水深度较小，容易发生水位回升使坑底浸泡；当降水段内夹有粉、细砂层时，易产生地下水侵蚀、边坡失稳以及地面沉降等危害[49]。

4）施工工艺流程

明沟与集水井排水施工工艺流程如图3-26所示。

5）技术要点

（1）确定明沟、集水井位置

在开挖基坑一侧、两侧或四周设置排水明沟，在四角或每隔30~40m设集水井（图3-27a），使地下水流汇入集水井内，再用水泵将地下水排出基坑外。

（2）开挖明沟、集水井

明沟、集水井应在挖至地下水位以前设置。明沟边缘应离开坡脚不下于0.3m，明沟深度应始终保持比挖土面低0.3~0.4m，明沟沟底以两个相邻集水井中点处为最高点，按1‰的坡度走向集水井，保证明沟排水通畅。明沟深度以及截面尺寸可根据基坑面积大小和基坑排水量确定。

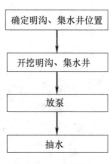

图3-26 明沟与集水井排水施工工艺流程

集水井应比明沟低0.5~1m，保证潜水泵能全部没入水中；集水井的开挖位置偏向边坡，保证后期基础施工不受影响。集水井的直径、深度可根据基坑面积大小、排水量决定。集水井四周采用实心砖砌筑或木板加固，防止塌陷[49]。

（3）放泵

将水泵放入集水井内（图3-27b），常用的水泵有潜水泵、离心式水泵和泥浆泵。井底应填以20cm厚的碎石或卵石，水泵抽水龙头应包以滤网，防止泥砂进入水泵[49]。

（4）抽水

抽水应连续进行，直至基础施工完毕，回填后方可停止。

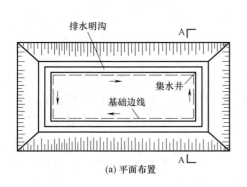

(a) 平面布置

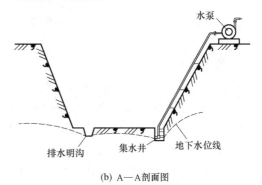

(b) A—A剖面图

图3-27 明沟与集水井排水

3.2.4 工程应用实例

上述基坑防渗与支护施工技术、基坑降排水施工技术等是目前船闸工程中常用的防渗施工技术，然而针对易发生管涌的砂性土地层，单一的防渗施工技术往往难以保证防渗效果。本节以在开挖过程中发生两次涌水事故的某船闸基坑为例展开研究，通过渗流分析获得该基坑管涌发生机制，据此采用综合性的防渗措施进行管涌防治，并对其科学性以及合理性进行论证。

1. 工程概况

某船闸基坑东西长 457m，南北宽 112m，基坑上闸首底部设计开挖高程为 17.0m，临近河道水位高 32.5m。基坑在开挖之前沿四周实施一道高压摆喷墙，形成防渗体系。基坑在开挖至高程 24.2m、17.0m 时出现了两次涌水事故。基坑现场及涌水路线如图 3-28 所示。

图 3-28 船闸基坑现场及涌水路线

根据钻探资料以及实测资料，将该船闸地层划分为 5 层含水层和 2 层隔水层。第 1 含水层为潜水，分布在①杂填土、②壤土中（标高 32.50m）；第 2 含水层为承压水，分布在③砂壤土夹粉质壤土中（标高 23.15～27.20m）；第 3 含水层为承压水，分布在④砂壤土中（标高 22.30～25.0m）；第 4 含水层为承压水，分布在⑤轻粉质壤土夹砂壤土、⑤₁ 砂壤土中（标高 17.10～20.30m）；第 5 含水层为承压水，分布在⑥粉砂、⑥₁ 砂壤土中（标高 15.20～19.40m）。第 1 隔水层为③₁ 壤土；第 2 隔水层为④₁ 壤土。船闸基坑地层及含水层分布如图 3-29 所示。

2. 临界水力梯度接近度

管涌的发生与土体水力梯度息息相关，土体的水力梯度越大，发生管涌的危险程度就越大，当土体水力梯度大于临界水力梯度时将发生管涌。以往工程中因缺少界定标准，无法准确判别工程发生管涌的危险程度——工程此时可能处于安全状态，也可能处于接近发生管涌的状态。本节依据不同土体的临界水力梯度不同，以及土体水力梯度大于其临界水力梯度时发生管涌，提出临界水力梯度接近度指标（无量纲参数），即土体水力梯度与临界水力梯度的比值。记临界水力梯度接近度为 D_i，计算公式为：

$$D_i = i/i_c \tag{3-1}$$

式中，i 为土体水力梯度；i_c 为土体临界水力梯度。

由临界水力梯度接近度定义可知，当 $D_i>1$ 时，土体发生管涌；当 $D_i=1$ 时，土体处于发生管涌的临界状态；当 $D_i<1$ 时，土体不会产生管涌。土体水力梯度越接近临界水力梯度，即 D_i 越接近 1 时，发生管涌的风险就越大。

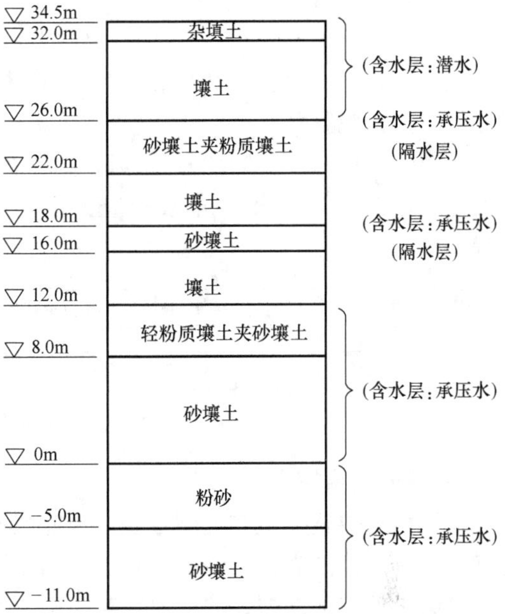

3. 数值模拟

1）计算原理

针对基坑出现的涌水事故，本文采用 FLAC 3D 软件对基坑进行流固耦合计算。在 FLAC 3D 数值模拟过程中，流固耦合是最复杂的模拟内容之一，下面介绍 FLAC 3D 流固耦合分析中的相关计算原理。

（1）运动方程[50]

地下水渗流的一般规律可用线性渗流定律来描述。满足各向同性均匀的物体（主要指固体、液体），其密度为定值，该运动方程可写为：

$$q_i=-k[p-\rho_f x_j g_j] \tag{3-2}$$

式中，q_i 为渗流速度（m/s）；k 为渗透系数（m²/Pa·s）；p 为孔隙压力（Pa）；ρ_f 为流体密度（kg/m³）；g_j 为自由落体加速度在三个方向的分量（m/s²）；x_j 为流体的高度差（m）。

（2）平衡方程[50]

平衡方程表示小变形情况下，单位时间内微元体含水量变化值等于流入量与流出量之差：

$$-q_{i,i}+q_v=-\frac{\partial \zeta}{\partial t} \tag{3-3}$$

式中，$q_{i,i}$ 为渗流速度；q_v 为微元体流体流入量；ζ 为单元流体体积变化值；t 为时间。

（3）本构方程[50]

本节仅针对饱和土体渗流模型，其本构方程为：

$$\alpha \frac{\partial \zeta}{\partial t}=\frac{\partial \zeta}{\partial t}-\frac{1}{M}\frac{\partial p}{\partial t} \tag{3-4}$$

式中，M 为比奥模量；α 为比奥系数；ε 为应力场引起的体积应变；p 为孔隙压力。对于理想多孔介质，认为土颗粒不可压缩时（$\alpha=1$），比奥模量为：

$$M=K_f/n \tag{3-5}$$

式中，K_f 为流体模量，取 $K_f=2\times10^9$ Pa；n 为土体的孔隙率。

（4）相容方程[50]

应变率和速度梯度应满足相容方程：

图 3-29 船闸基坑地层及含水层分布

$$\zeta_{ij} = \frac{1}{2} [v_{i,j} + v_{j,i}] \tag{3-6}$$

式中，ζ_{ij} 为渗流区域内某点的应变速率；$v_{i,j}$ 与 $v_{j,i}$ 为渗流区域内某点的渗流速度。

（5）计算流程

FLAC 3D 中流固耦合的计算流程如图 3-30 所示。流固耦合是应力场和渗流场相互作用的过程，图 3-30 中第一排表示应力场的求解过程，第二排表示考虑渗流场后增加的流程。

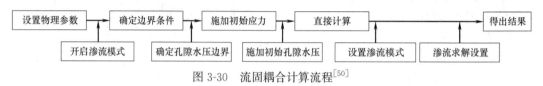

图 3-30　流固耦合计算流程[50]

2）数值网格模型

基坑涌水位置发生在上闸首处，因此取该区域为研究对象，根据图纸以及现场情况确定该基坑研究范围为长 120m、宽 42m，深度为 17.0～34.5m。为减小边界范围选取过小给计算结果带来的误差，选取研究对象最大几何尺寸的 3～5 倍来确定计算范围，最终确定整体模型尺寸为 900m×540m×134.5m，网格类型为 4 节点 SOILD181 及 8 节点 SOILD185，基坑数值网格模型共划分为 1499400 个单元，1524670 个节点（图 3-31）。基坑每次涌水时以及最终防渗体系数值网格模型如图 3-32 所示。

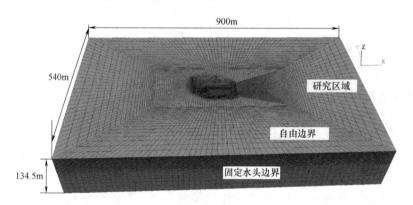

图 3-31　基坑整体数值网格模型

3）边界条件

根据基坑施工过程中的受力特征，基坑数值网格模型上表面为自由边界，而数值网格模型的 4 个侧面及底面约束为法向约束。基坑周边土体在基坑分层开挖和防渗与支护结构施工过程中的计算模型边界条件如图 3-33 所示，图中边界 AB、BC 和 CD 施加法向约束。其中 AB、CD 边界，水平方向位移为零；BC 边界，垂直方向位移为零。

4）计算工序

为分析该基坑施工过程中水力梯度以及临界水力梯度接近度分布随管涌与基坑防渗加固的演化规律，得到涌水时防渗支护结构应力及应变大小，确定 4 个计算工序，如表 3-1 所列。

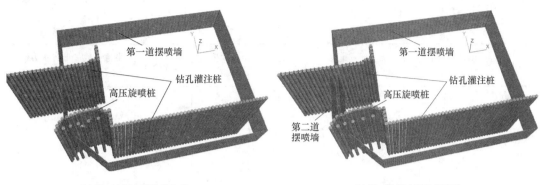

(a) 第一次涌水时防渗体系　　　　　　　(b) 第二次涌水时防渗体系

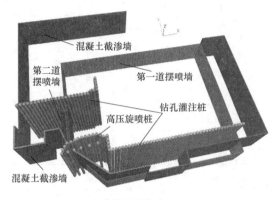

(c) 最终防渗体系

图 3-32　基坑防渗体系数值网格模型

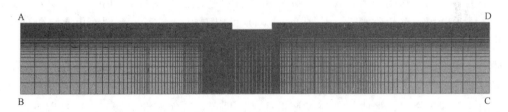

图 3-33　基坑分层开挖支护过程中的计算模型边界条件

表 3-1

计算工序

工序	基坑发生管涌与防渗加固顺序
工序 1	基坑开挖至坑底高程为 24.2m,发生第一次涌水
工序 2	针对基坑第一次涌水事故进行防渗加固
工序 3	基坑开挖至坑底高程为 17.0m,发生第二次涌水
工序 4	针对基坑第二次涌水事故进行防渗加固

5) 计算参数

在 FLAC 3D 软件中对数值模型进行流固耦合计算,以每个网格为研究对象,计算时将土层赋予摩尔-库仑模型,防渗结构赋予线弹性模型,同时将防渗结构赋予各向同性不透水模型。在该船闸基坑处取样进行三轴试验,结合现场地质勘察报告,确定计算参数如

表 3-2 所列。

计算参数   表 3-2

地层	弹性模量 E（MPa）	泊松比 ν	重度 γ（kN/m³）	黏聚力 c（kPa）	内摩擦角 φ（°）	孔隙率 n	渗透系数 k（cm/s）	临界水力梯度 i_c
杂填土	27	0.32	18.7	16	18	0.58	5.09×10^{-7}	0.465
壤土	34	0.27	19.1	18	21	0.59	8.05×10^{-6}	0.421
砂壤土夹粉质壤土	40	0.33	19.4	24	13	0.48	5.53×10^{-4}	0.287
壤土	45	0.28	19.8	18	20	0.56	5.37×10^{-6}	0.389
砂壤土	53	0.30	20.1	16	24	0.43	4.91×10^{-4}	0.246
壤土	62	0.30	20.2	20	20	0.54	6.32×10^{-6}	0.400
轻粉质壤土夹砂壤土	73	0.29	20.4	26	15	0.45	4.57×10^{-5}	0.324
砂壤土	81	0.29	20.6	18	25	0.40	4.13×10^{-4}	0.255
粉砂	90	0.28	21.4	19	22	0.39	2.11×10^{-3}	0.180
砂壤土	96	0.27	22.0	13	26	0.39	6.07×10^{-4}	0.260
防渗结构	3×10^4	0.167	250.0	—	—	0.30	1.0×10^{-12}	—

4. 计算结果与分析

1）渗流分析

（1）第一次涌水剖面计算结果

基坑第一次涌水剖面水力梯度与临界水力梯度接近度计算结果如图 3-34 所示。此时坑底土层为砂壤土夹粉质壤土，从图 3-34（a）可以看出，坑底涌水剖面出水口处的水力梯度为 0.46，大于该土层临界水力梯度 0.287，说明此处发生了管涌；从图 3-34（b）可以看出，涌水剖面的管涌危险区主要分布在防渗结构与其周围土体以及防渗结构底部绕渗区。根据计算结果，涌水部位的临界水力梯度接近度大于 1，基坑发生管涌的原因是在防渗结构处出现了绕渗，形成了渗流破坏贯通区，导致基坑底部发生管涌。通过以上对比得出，临界水力梯度可用于判定浅表层涌水位置土体是否发生管涌，对于涌水部位以外的土体则无法进行管涌危险性判定；而临界水力梯度接近度可以依据土体发生管涌的危险程度划分出管涌危险区，从而判定整个场地内土体发生管涌的危险性。

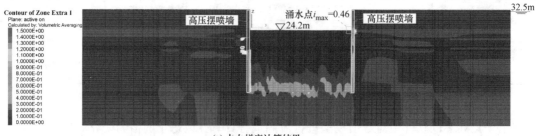

(a) 水力梯度计算结果

图 3-34　基坑第一次涌水剖面水力梯度与临界水力梯度接近度计算结果（一）

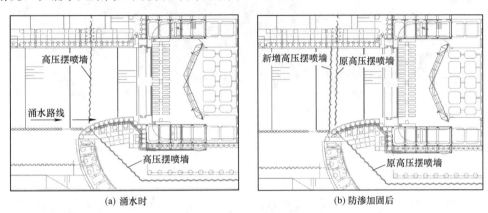

(b) 临界水力梯度接近度计算结果

图 3-34 基坑第一次涌水剖面水力梯度与临界水力梯度接近度计算结果（二）

根据基坑第一次涌水时管涌危险区分布，需对管涌危险区进行防渗干预。结合工程现场情况，在涌水处原高压摆喷墙外侧新增高压摆喷墙。第一次防渗加固如图 3-35 所示。

（图示：左图标注"高压摆喷墙""涌水路线""高压摆喷墙"；右图标注"新增高压摆喷墙""原高压摆喷墙""原高压摆喷墙"）

(a) 涌水时   (b) 防渗加固后

图 3-35 基坑第一次防渗加固

基坑第一次防渗加固后涌水剖面水力梯度与临界水力梯度接近度计算结果如图 3-36 所示。从图 3-36（a）可以看出，坑底涌水部位的水力梯度自涌水时的 0.46 降至 0.18，低于该土层的临界水力梯度 0.287，此处不再发生管涌；从图 3-36（b）可以看出，此时坑底涌水口的临界水力梯度接近度降低至小于 1，渗透破坏贯通区域远离坑底，说明针对本次涌水时管涌危险区分布所提出的防渗加固建议有效。

（2）第二次涌水剖面计算结果

基坑第二次涌水剖面水力梯度与临界水力梯度接近度计算结果如图 3-37 所示。此时基坑已开挖至设计高程，坑底土层为砂壤土，从图 3-37（a）可以看出，坑底涌水剖面出水口处的水力梯度为 0.54，大于该土层临界水力梯度 0.246，说明此处发生了管涌；从图 3-37（b）可以看出，此时涌水部位的临界水力梯度接近度大于 1，基坑发生管涌的原因是在防渗结构处出现了绕渗，形成了渗流破坏贯通区，最终造成基坑底部发生管涌。经过对比得出，临界水力梯度无法对涌水部位以外区域的土体进行管涌危险性判定；而临界水力梯度接近度可以依据土体发生管涌的危险程度划分出管涌危险区，从而判定整个场地内土体发生管涌的危险性。

根据基坑第二次涌水时土体管涌危险区分布，需对管涌危险区进行防渗干预。结合工程现场情况，在原高压摆喷墙外侧新增混凝土截渗墙；针对出水部位，采用钢筋混凝土截渗墙进行防渗补强。第二次防渗加固如图 3-38 所示。

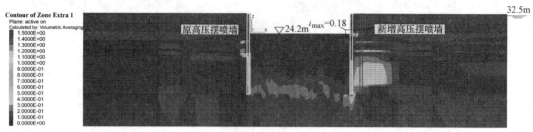

(a) 水力梯度计算结果

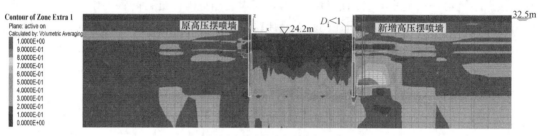

(b) 临界水力梯度接近度计算结果

图 3-36 基坑第一次防渗加固后涌水剖面水力梯度与临界水力梯度接近度计算结果

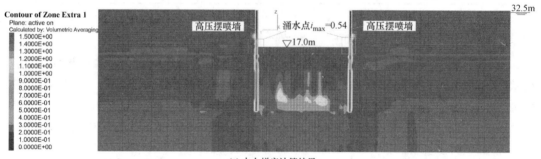

(a) 水力梯度计算结果

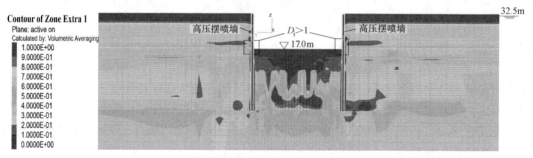

(b) 临界水力梯度接近度计算结果

图 3-37 基坑第二次涌水剖面水力梯度与临界水力梯度接近度计算结果

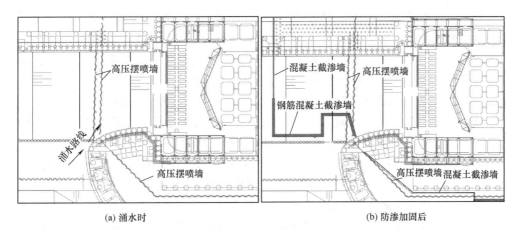

(a) 涌水时　　　　　　　　　　　(b) 防渗加固后

图 3-38　基坑第二次防渗加固

　　基坑第二次防渗加固后涌水剖面水力梯度与临界水力梯度接近度计算结果如图 3-39 所示。从图 3-39（a）可以看出，此时坑底涌水部位的水力梯度自涌水时的 0.54 降至 0.08，低于该土层的临界水力梯度 0.246，此处不再发生管涌；从图 3-39（b）可以看出，此时坑底涌水口的临界水力梯度接近度降低至小于 1，渗透破坏贯通区域远离坑底，说明针对本次涌水时管涌危险区分布所提出的防渗加固建议有效。

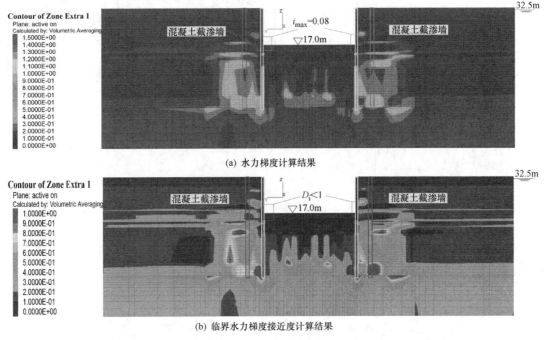

图 3-39　基坑第二次防渗加固后涌水剖面水力梯度与临界水力梯度接近度计算结果

（3）讨论

　　以往工程中对于管涌区的判定只针对浅表层出险区域，如图 3-40（a）所示，但伴随管涌区的出现，管涌潜在危险区也会存在，这些潜在危险区在外界条件或工程结构失稳的进一步影响下将发展为管涌区，因此，能够有效识别管涌潜在危险区同等重要。以往的方法因不能定量预测管涌危险性，不能对管涌潜在危险区进行准确识别。文献［51］～［54］通过室内渗透试验，依据土样发生管涌的危险程度不同，将土体发生管涌的动态过程定量划分为若干个区间。本文统计了上述文献得出的不同土体临界水力梯度及其发生管涌潜在危险时（细颗粒普遍流失）的水力梯度，换算得出土体处于管涌潜在危险时的临界水力梯度接近度经验取值，如图 3-41 所示。可以发现，不同土体处于管涌潜在危险时临界水力梯度接近度整体位于 0.6～0.8 范围内，考虑到实际工程安全性，选取临界水力梯度接近度为 0.6 作为土体处于管涌潜在危险时的判断依据。据此假定当 $D_i \geqslant 1$，土体已发生管涌，如图 3-40（b）所示区域 1；当 $D_i = 0.6\sim1$ 时，土体处于管涌潜在危险区，如图 3-40（b）所示区域 2，该区域发生管涌的可能性很大，工程中应采取相应的防渗措施；当 $D_i = 0\sim0.6$ 时，土体处于管涌相对安全区，如图 3-40（b）所示区域 3，工程中暂时不需要对此区域进行防渗干预。对于具体工程，可通过试验确定各土层处于管涌潜在危险时临界水力梯度接近度的精确值。

通过以上分析得出，临界水力梯度接近度可以根据土体发生管涌的危险程度定量划分区域，及时识别管涌危险区及潜在危险区的分布并提供防治建议，从而有效避免工程发生管涌，具有重要的工程意义。

(a) 以往管涌研究区域　　　　　　　　　　　　　　(b) 当前管涌研究区域

图 3-40　管涌研究区域

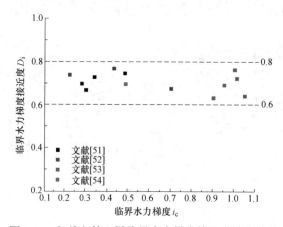

图 3-41　相关文献土样临界水力梯度接近度转化结果

2）应力应变分析

（1）第一步开挖结果

由第一道摆喷墙 x 方向位移云图（图 3-42a）可知，由于土体的挤压作用，两侧摆喷墙向基坑内侧产生最大位移为 1.25mm；通过支护结构 x 方向位移云图可知（图 3-42b），灌注桩在上闸首右侧上游拐角处发生基坑内侧方向上的最大位移为 2.98mm。

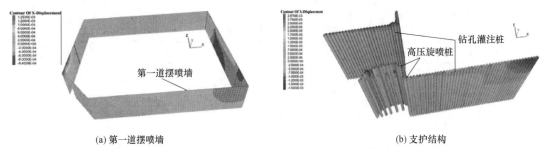

(a) 第一道摆喷墙   (b) 支护结构

图 3-42 第一步开挖防渗结构 x 方向位移云图

由第一道摆喷墙 y 方向位移云图可知（图 3-43a），由于基坑左、右岸两侧土体的挤压作用，两侧墙体向基坑内部发生位移，最大位移为 2.82mm；对于灌注桩（图 3-43b），由于基坑右岸土体的挤压作用，导致基坑右岸的桩体向基坑内部发生位移，最大位移量为 12.3mm。

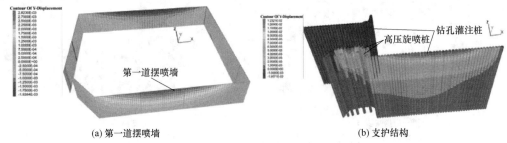

(a) 第一道摆喷墙   (b) 支护结构

图 3-43 第一步开挖防渗结构 y 方向位移云图

第一道摆喷墙最大拉应力为 1.46MPa，压应力主要位于墙的中下部，最大值为 0.59MPa（图 3-44a）；支护结构整体受压应力作用，最大压应力为 1.87MPa，在高压旋喷桩与灌注桩结合部位出现应力集中现象，拉应力最大值为 22.05MPa（图 3-44b）。基坑第一步开挖数值模拟结果如表 3-3 所示。

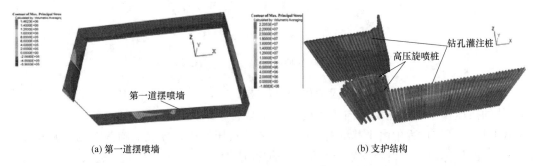

(a) 第一道摆喷墙   (b) 支护结构

图 3-44 第一步开挖防渗结构第一主应力

（2）第二步开挖结果

由第一道摆喷墙 x 方向位移云图可知（图 3-45a），由于土体的挤压作用，两侧摆喷墙向基坑内侧产生的最大位移为 2.94mm；通过支护结构 x 方向位移云图可知

（图 3-45b），灌注桩在上闸首右侧上游拐角处发生基坑内部方向最大位移，位移量为 3.41mm；由第二道摆喷墙 x 方向位移云图可知（图 3-45c），摆喷墙发生了基坑内部方向最大水平位移，位移量为 4.84mm。

第一步开挖数值模拟结果 表 3-3

计算项目	位置	最大值
x 方向位移	第一道摆喷墙	1.25mm
	支护结构	2.98mm
y 方向位移	第一道摆喷墙	2.82mm
	支护结构	12.30mm
拉应力	第一道摆喷墙	1.46MPa
	支护结构	22.05MPa
压应力	第一道摆喷墙	0.59MPa
	支护结构	1.87MPa

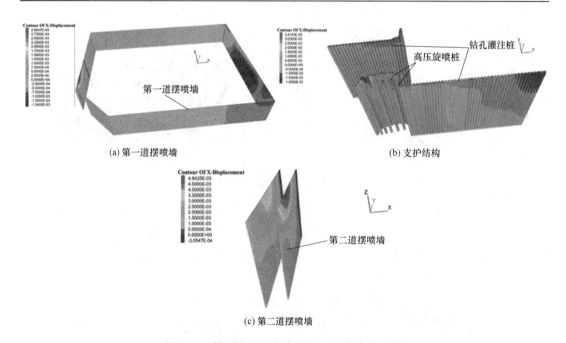

(a) 第一道摆喷墙   (b) 支护结构

(c) 第二道摆喷墙

图 3-45 第二步开挖防渗结构 x 方向位移云图

由第一道摆喷墙 y 方向位移云图可知（图 3-46a），开挖过程中由于基坑左、右岸两侧土体的挤压作用，两侧墙体向基坑内部发生位移，最大位移为 5.29mm；对于灌注桩（图 3-46b），开挖过程中由于基坑右岸两侧土体的挤压作用，导致上闸首右侧上游拐角处以及右岸的桩体向基坑内部发生最大位移，位移量为 12.59mm；由第二道摆喷墙 y 方向位移云图可知（图 3-46c），开挖过程中由于灌注桩对第二道摆喷墙的挤压作用，摆喷墙向基坑内部方向出现最大位移，位移量为 0.41mm。

第一道摆喷墙整体受压应力作用（图 3-47a），最大压应力为 1.12MPa，拉应力主要分布在墙体与支护结构连接处以及墙体拐角处，最大值为 1.69MPa；支护结构整体受压

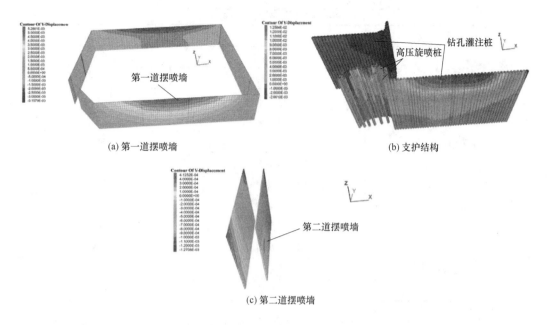

(a) 第一道摆喷墙

(b) 支护结构

(c) 第二道摆喷墙

图 3-46　第二步开挖防渗结构 y 方向位移云图

应力作用（图 3-47b），最大值为 2.16MPa，在高压旋喷桩与灌注桩结合部位出现应力集中现象，拉应力最大值为 25.62MPa；第二道摆喷墙的拉应力主要出现在邻近基坑一侧处的墙体（图 3-47c），最大值为 1.41MPa，最大压应力出现在临近基坑侧墙体与支护结构相接的上端，其值为 1.80MPa。基坑第二步开挖结果如表 3-4 所示。

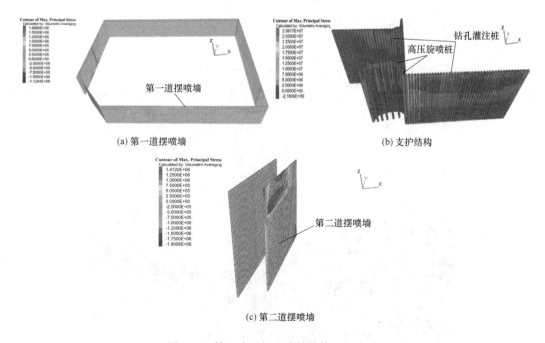

(a) 第一道摆喷墙

(b) 支护结构

(c) 第二道摆喷墙

图 3-47　第二步开挖防渗结构第一主应力

第二步开挖数值模拟结果 表3-4

计算项目	位置	最大值
x 方向位移	第一道摆喷墙	2.94mm
	支护结构	3.41mm
	第二道摆喷墙	4.84mm
y 方向位移	第一道摆喷墙	5.29mm
	支护结构	0.41mm
	第二道摆喷墙	12.59mm
拉应力	第一道摆喷墙	1.69MPa
	支护结构	25.62MPa
	第二道摆喷墙	1.41MPa
压应力	第一道摆喷墙	1.12MPa
	支护结构	2.16MPa
	第二道摆喷墙	1.80MPa

根据渗流计算结果，在该基坑开挖过程中采取高压摆喷墙、高压旋喷桩、钻孔灌注桩、混凝土截渗墙、压密灌浆等综合防渗措施，相比采取单一的防渗措施效果更好；根据防渗与支护结构应力及应变计算结果，混凝土摆喷墙、高压旋喷桩、钻孔灌注桩、混凝土防渗墙在水平方向出现的累计位移均在设计要求范围内。因此从渗流、应力及应变角度分析得出，相较单一的防渗支护措施，在基坑开挖过程中采取综合防渗与支护措施具有更好的工程效果。

3.3 闸首施工技术

本节主要介绍船闸闸首中挡水结构施工技术和输水结构施工技术（图3-48）。挡水结构施工技术包括底板模板施工技术、边墩爬模施工技术、边墩内模施工技术、底板及边墩

图3-48 闸首施工

混凝土浇筑技术；输水结构施工技术包括廊道内模施工技术、廊道混凝土浇筑技术。

3.3.1 挡水结构施工技术

1. 底板模板施工技术

1）施工工艺流程

底板模板施工工艺流程如图3-49所示。

2）施工要点

（1）边墩底板包括外侧模（临土面）板，上、下游面端模，施工宽缝模板，格埝模板和门槛模板（弧形）；闸首底板包括上、下游面端模，施工宽缝模板，格埝立柱模板，格埝模板，门槛模板（弧形）和集水坑模板[55-56]。模板安装之前需进行整修和保养，选择表面平整度好、外观质量好的模板作为底板模板。

（2）模板安装前，在模板表面薄而均匀地涂刷一层脱模剂，以方便脱模。

（3）支模前，测量边框控制点，测放标高；浇筑垫层时沿模板内侧边线位置预埋角钢，固定模板底部；模板调整利用全站仪控制。

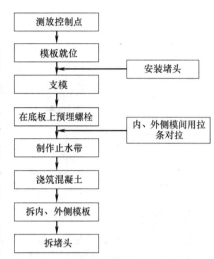

图 3-49 底板模板施工工艺流程

（4）外侧模板设钢丝绳外拉，固定在预设的地锚上，内、外侧模间用拉条对拉。

（5）上、下游面端模和临土面模板采用 ϕ18mm 胶合板＋100mm×50mm 木方竖围檩＋ϕ48mm 钢管双拼横围檩＋ϕ16mm 拉条连接的结构形式（图3-50），上、下游面端模尺寸的确定需考虑止水带的位置与埋设方法。施工宽缝模板由建筑钢模和木模通过型钢桁架组拼成定型模板。闸首底板的格埝、弧形门槛侧模采用木模，底模为覆膜胶合板，其支撑由10号钢和扣式件钢管支架组成[57]。

（6）在混凝土强度达到规范和设计要求时方可拆除模板。先拆内侧模板，后拆外侧模板，最后拆堵头。

（7）为便于后期模板的固定，防止模板在浇筑混凝土时上浮，应在底板上预埋螺栓，以备后用。

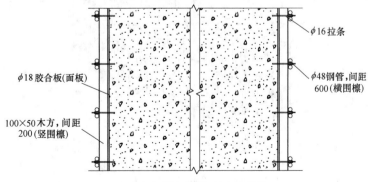

图 3-50 闸首底板模板结构形式（单位：mm）

2. 边墩爬模施工技术

1）施工工艺流程

边墩爬模施工工艺流程如图 3-51 所示。

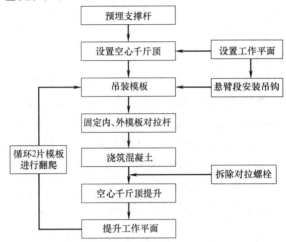

图 3-51 边墩爬模施工工艺流程

2）施工要点

（1）闸首边墩外模主要采用钢模板，钢模面板厚 6mm，模板后侧贴焊角钢或钢槽作为加筋肋。工作平面通过千斤顶提升，钢模板边缘结合部位设置多个均布分布的螺栓孔，通过紧固螺栓将上方钢板和下方钢板紧密连接（图 3-52）。

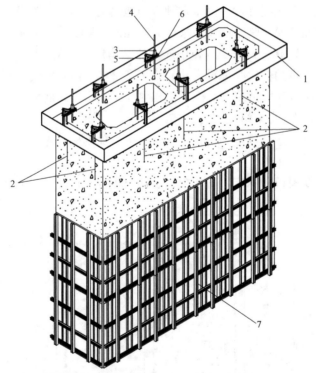

1—工作平面；2—吊钩；3—空心千斤顶；4—预埋支撑杆；
5—主梁；6—悬臂；7—外模板

图 3-52 边墩爬模结构示意

（2）施工设施由爬升模板、爬架和爬升设备三部分组成，包括吊钩、工作平面、空心千斤顶、钢制箱形支架、外模板等。空心千斤顶装置包括加强杆、主梁、悬臂和吊钩。

（3）边墩外模一般采用大面模板。针对模板拼缝问题，应采用骑缝孔渗漏处理与双面胶嵌缝，以避免模板错台及混凝土浇筑过程中漏浆[58]。

（4）整个结构用若干个空心千斤顶作为动力，组装在预埋支撑杆上；自爬的模板上悬挂有吊钩，可省去结构施工阶段的外脚手架。

（5）空心千斤顶装有液压系统，主要由主控制台、顶升油缸、胶管和油阀组成。

3. 边墩内模施工技术

1）施工工艺流程

边墩内模施工工艺流程如图 3-53 所示。

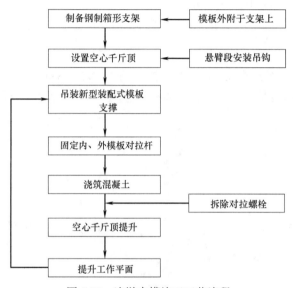

图 3-53　边墩内模施工工艺流程

2）施工要点

（1）装配式模板支撑为伞状可转动支撑结构。装配式模板支撑组件通过推杆和铰接点形成不同夹角，以适用不同尺寸的空箱结构。

（2）空心千斤顶设置在预埋支撑杆上，悬挂钢绞线的上端与液压千斤顶穿心固定，下端与施工对象用锚具连接固定。空心千斤顶夹着钢绞线上提，可将外模板和钢制箱形支架提升到安装高度（如图 3-54）。

（3）模板与模板之间采用 M18 螺栓新型节点进行连接，拼缝采用双面胶塞缝，防止漏浆和出现"砂线"，解决了传统支撑结构问题中浇筑时漏浆及后期大体积混凝土成面美观问题。

（4）工作平面通过主梁连接在空心千斤顶上。工作平面由脚手架制成，附有安全网等安全措施。工作平台主要用于结构的检查以及大面积钢模板翻升过程的辅助工作，包括大面积钢板的对接和拆除工作。

为了提供适用于闸首边墩内模空箱结构的新型装配式模板研究方案，组件（图 3-55）采用可折叠式伞状支撑进行模板的立模工作，包括支撑钢模板的横杆、支撑横杆的推杆、改变推杆夹角的滑动装置、主受力杆、各杆与杆之间可转动的铰接点、推杆与主受力杆间

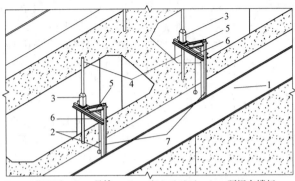

1—工作平面；2—吊钩；3—空心千斤顶；4—预埋支撑杆；
5—加强杆；6—悬臂；7—主梁

图 3-54　空箱施工局部示意

的铰接点等。

如图 3-56 所示，该支撑的多尺寸面板与杆可形成不同夹角以达到折叠的目的。现场施工时，异形钢模板与装配式支撑预先连接，根据闸首空箱多尺寸空箱结构来

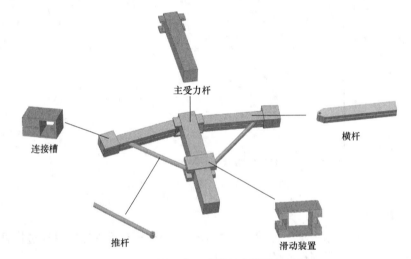

图 3-55　新型装配式模板支撑结构示意

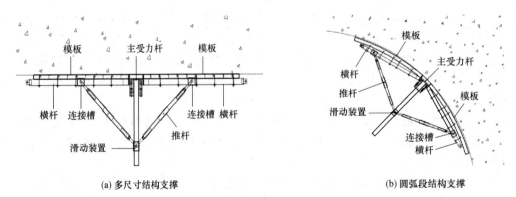

(a) 多尺寸结构支撑　　　　　　　　(b) 圆弧段结构支撑

图 3-56　新型装配式模板支撑设计

展开或折叠与之相应的角度，从而解决传统支撑结构无法灵活适应多尺寸闸首空箱结构的不足。

折叠以形成不同形状模板的具体操作步骤为：

（1）固定滑动装置，水平推动连接在横杆内滑槽的推杆和滑动装置连接的推杆，主杆与横杆即可形成不同的夹角，实现板与板以不同夹角适应多尺寸空箱结构，快捷地进行多尺寸矩形或菱形结构的立模工作。

（2）自由移动滑动装置，沿着主受力杆垂直推动，连接横杆一端的推杆固定不动，可形成两边对称的等大小夹角，从而快捷地实现板与板以不同夹角适用于空箱内对称多尺寸构造。

（3）同时推动横杆和滑动装置，所有铰接点连接的杆与杆、杆与梁间均可形成不同的夹角，即形成自由对称和非对称多尺寸构造，分别对滑动装置和推杆二者移动不同距离即可形成不同角度的多尺寸构造，从而大范围地适用于不同空箱多尺寸结构的立模工作。

（4）进行立模工序时，首先将模板与横杆连接，根据多尺寸闸首空箱结构改变滑动装置和滑槽内的推杆，从而针对性地改变伞状支撑结构形式。然后固定滑动装置，将支撑与模板组合成整体架构，板与板围成多尺寸空箱结构形状并浇筑混凝土。

整个过程方便、快捷，节省人力，可大幅提高施工效率。

4. 底板及边墩混凝土浇筑技术

1）施工工艺流程

混凝土浇筑由下而上分批分层浇筑，施工工艺流程为：左、右边墩底板→中间底板→预留施工缝→边墩。

2）施工要点

（1）为重点控制大体积混凝土的降温和防裂，工程上一般采取冷却水循环降温措施。混凝土浇筑采用水平分层法连续浇筑。最后一层混凝土浇筑完成后，在其初凝之前再次进行振捣，并宜用刮尺清除混凝土上表面的浮浆，直至级配良好的混凝土层。按照模板上的控制高程线，对混凝土表面进行收光：第一次是混凝土浇筑完成后，立即对混凝土表面进行收光；第二次是混凝土即将达到初凝前，刚刚能够承受人体重量时，再次对混凝土表面进行收光。可以使用磨光机对混凝土表面进行揉搓，消除初凝期间可能产生的细纹[58]。

（2）采用大功率泵车和大直径泵管（ϕ150mm）泵送（图 3-57），以减小泵送混凝土的坍落度。混凝土浇筑前须对与混凝土浇筑有关各种机械设备（包括备用设备）进行检查，确保正常运行。采用串筒下料，串筒底口离混凝土面高度不大于 1.5m，防止混凝土产生离析[59]。

（3）严格控制混凝土的坍落度及和易性。浇筑混凝土前，组织水石工进行技术交底；混凝土分层厚度为 30cm；混凝土振捣采用插入式振捣器，振捣棒间距不超过其作用半径的 1.5 倍，并插入下层混凝土 50～100mm。振捣时间以混凝土表面平坦、无气泡、不下沉、开始泛浆为宜。对混凝土的泌水应及时收集排除，以免在混凝土表面形成"砂线"。

（4）混凝土浇筑结束时应清除表面多余浮浆，适时进行压实磨平。混凝土开始终凝后及时用土工布覆盖、洒水保湿养护，以防混凝土产生干缩裂缝。对于底板大体积混凝土顶面，宜蓄水养护，模板外侧挂土工布适当保温，减小降温速率，减小混凝土内外温差以防产生温度裂缝。当气温低于5℃时，不得洒水。拆模后，继续覆盖、洒水保湿养护，养护时间不少于7d。

（5）待混凝土覆盖冷却管后，随即开始向冷却管内通水。待底板混凝土浇筑完成后，应不间断通水，通水周期不宜超过15d，且每天更换水流方向。水流速率应根据混凝土内部降温速率进行调整，降温速率控制在2℃/d以内，水流速率不得小于0.6m/s。封堵冷却管宜选用不低于混凝土强度等级的压浆料，自冷却管一端向另一端压浆，直至冷却管另一端溢出浆料的外观与所拌压浆料基本一致，此时停止注浆，封堵管道。

（6）在砂石料堆场搭设雨棚（遮阳棚），以更好地控制砂石的含水量，保证混凝土坍落度的稳定。同时，在高温天气能减小砂石料的升温幅度，降低混凝土的入模温度，控制混凝土裂缝的产生。

（7）冬期浇筑混凝土时应注意保温，可以先覆盖塑料薄膜再覆盖土工布，当日平均温度低于5℃时，不宜洒水养护，以防冻伤混凝土。

（8）为控制闸首底板混凝土施工期间的裂缝，采取设置宽缝的施工工艺：每层底板浇筑厚度不宜大于1.5m，各层间隔期为5～7d；对称浇筑两侧边墩至设计高程，墙体混凝土达到设计强度的85%后方能进行墙后回填；待闸墩沉降稳定，选择在气温较低时进行底板宽缝混凝土浇筑，宽缝采用微膨胀混凝土。宽缝浇筑前应进行凿毛处理，宽缝处横向钢筋应连续。

图3-57　船闸封底混凝土浇筑

3.3.2　输水结构施工技术

1. 廊道内模施工技术

1）施工工艺流程

廊道内模施工工艺流程如图3-58所示。

2）施工要点

（1）在模板施工前，必须清除倒角处1m范围内的杂物，防止浇筑后的廊道混凝土因底部夹渣发生渗水。

（2）廊道定型模板应合理划分单块尺寸，避免大小块；异形模板整体制作，提前预拼装，如廊道出水口上下倒角等。分块组装廊道模板，模板工程采用的材料、制作的成品及安装等工序均应进行质量检查，合格后才能进行下一道工序。一次拼装3m高，模板安装的同时按 4 个/m² 放置保护层垫块。

（3）廊道上下有 300mm×300mm 的倒角，安装完倒角模板后，须在底角模板前沿打入限位锚筋，并将锚筋和模板点焊，防止出现模板上浮和侧向滑移的现象。

（4）若因设计原因未在廊道模板后加槽钢固定的，鉴于模板刚度不足，施工时应在廊道模板后背设竖向槽钢两道，并竖向焊于模板拉杆孔两侧。

（5）为减小内部钢筋受拉杆头的腐蚀，可将一塑料垫块增设在拉杆与模板内壁接触位置，垫块串在拉杆上，并用双面胶将其固定于模板，待廊道模板拆除后，再对拉杆孔洞进行凿毛修补。

（6）为防止廊道顶板发生错台，顶模衔接处应增设立杆支撑。局部曲线及多边形区可单独下料拼装，底模拼装需减少拼缝数量；模板

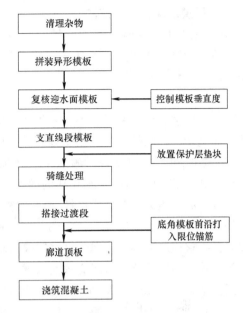

图 3-58 廊道模板施工工艺流程

拼装完成后，模板表面覆盖塑料薄膜，以防止廊道顶板钢筋锈迹或油渍对模板造成污染，影响混凝土外观质量。

（7）廊道顶板：顶模衔接处应增设立杆支撑，防止错台；局部曲线及多边形区可单独下料拼装，底模拼装需减少拼缝数量。

模板施工时的注意事项如下：

（1）错台问题：底板施工前，在底板高于混凝土顶面的模板上预留拉杆，该拉杆仅为拉紧下次混凝土模板的底部（混凝土面低于模板），以避免下次混凝土侧压力过大，造成底板模板外鼓，形成错台。

（2）外露面线形协调：模板在安装后端头模板带线以校核其水平线形，上下吊线校核其垂直度。施工中通过调节模板的水平线形和垂直度可以有效地控制墙体的偏移。

（3）控制混凝土保护层：廊道保护层是检测的重点，保护层的大小对船闸使用寿命有着直接影响，所以钢筋保护层控制要与模板线形调节同时进行。在安装模板时，如发现保护层过小，应及时垫混凝土块，必要时可进行换位植筋。

（4）控制拉杆：在浇筑前必须重点检查拉杆，施工中常存在曲线形拉杆，验收前须调直，必要时替换，以避免浇筑过程中拉杆受力不均，造成胀模，甚至爆模。对有焊接接头的拉杆，搭接长度必须按验算后的长度焊接，拉杆底部锚筋可提前预埋或采用钻孔植筋，锚固深度以验算值为准。

（5）控制止水带：避免渗水的关键之处就在于止水带，因此必须重点检查。止水带包括铜止水带和遇水膨胀止水带。施工中应确保铜止水带凸起部位处于伸缩缝处，以适应混凝土的收缩变形；若施工中直接将铜止水带凸起部位浇筑于混凝土内，铜止水带将与混凝土构件一起伸缩变形，最终导致铜止水带破裂，墙体渗水。

2. 廊道混凝土浇筑技术

1) 施工工艺流程

清干杂物→水平分层浇筑→振捣→清理表面泌水→混凝土浇筑至顶后，对照标高点找平。

2) 施工要点

(1) 输水廊道曲率半径小、倒角多、钢筋密、施工空间较窄、预留孔洞预埋钢筋和构件多而复杂，在混凝土浇筑振捣方面需要特别注意，采用精细化施工。分层厚度应根据混凝土初凝时间、拌和设备、输送泵生产能力等综合考虑决定，原则上分层厚度控制在30cm以内，以利于混凝土水化热的散发。

(2) 混凝土搅拌时应严格按配合比称量水泥、砂、石和外加剂。混凝土原材料投量允许偏差为：水泥±2%，砂石料±3%，水和外加剂±2%。混凝土搅拌时间不应小于90s，按规范要求检测混凝土的坍落度并制作试块。拌好的混凝土应及时浇筑，发现离析现象应重新搅拌。高温季节，水泥应提前入罐，延长水泥的存放时间，让其自然冷却，拌合前的水泥温度不高于50℃；对骨料应搭棚防晒，必要时淋水降温。

(3) 混凝土振捣采用插入式振捣器，依不同的部位采用垂直振捣或斜插振捣。插点采用交错式，每次移动距离不大于50cm。振捣时，振捣棒应插入下层混凝土，每点振捣时间不宜过长，通常根据下列条件衡量混凝土是否振捣密实：①不再出现气泡；②混凝土不再显著下沉；③表面泛浆；④表面形成水平面。振捣器使用时，不允许将其支承在结构钢筋上，或碰撞钢筋、芯管及预埋件，不宜紧靠模板振动。

(4) 在混凝土初凝前拍实并抹光，防止混凝土表面产生龟裂。如果增加防裂钢筋网片，应在混凝土中添加防缩型外加剂，并加强振捣和养护。

(5) 可以采用粘贴透水模板布的措施，改善船闸廊道外观，提高廊道混凝土的抗渗性、耐久性和表面强度。

(6) 浇筑过程中及时清理模板溅浆，防止拆模后混凝土表面麻点影响外观。

(7) 特殊季节混凝土的拌合，主要对原材料采用加热或降温的措施，以保证混凝土的入仓温度。

(8) 廊道墙体狭窄，拉条螺栓密集，布料需避让拉条螺栓，以防止混凝土冲击对模板及拉条螺栓稳定性造成影响。成品的输水廊道没有烂根、漏振、蜂窝、较多麻面、错台、冷缝、裂纹等外观质量问题。

3.4 闸室施工技术

闸室为船闸的主体部分。船闸闸室有斜坡式和直立式两种形式。斜坡式闸室具有结构简单、造价低的优点，但使用不方便，且耗水量大，目前已很少采用。直立式闸室结构由闸墙和闸底组成，按其受力状态可分为整体式结构（图3-59）和分离式结构（图3-60）两大类。两侧闸墙和底板浇筑在一起的为整体式结构；闸墙和闸底分别设置的为分离式结构。本节主要介绍闸室底板和闸室墙施工技术，其中闸室墙施工技术主要包括对拉螺杆套管的施工技术、浮式系船柱施工技术。

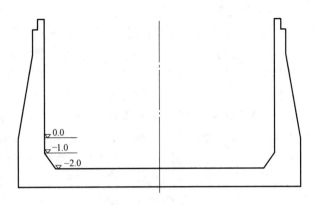

图 3-59　整体式闸室结构

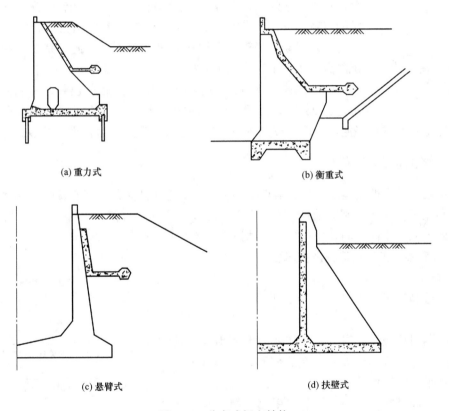

(a) 重力式　　　　　　　　　　　　　(b) 衡重式

(c) 悬臂式　　　　　　　　　　　　　(d) 扶壁式

图 3-60　分离式闸室结构

3.4.1　闸室底板施工技术

闸室底板是由混凝土浇筑而成的受力基础板，为进一步完善施工建设，改进施工工艺，确保闸室底板施工质量，减少质量通病的发生，现对闸室底板作相应的施工技术总结。

1）施工工艺流程

闸室底板施工工艺流程如图 3-61 所示。

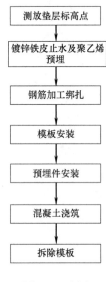

图 3-61 闸室
底板施工
工艺流程

2）技术要点

（1）放样底板结构边线及中轴线等并用钢卷尺进行复核。

（2）钢筋加工绑扎，主筋接头采用直螺纹套筒连接，其优点是连接方便、快捷、简单，施工不用电，风雨无阻，可全天候施工、环保。其余采用电弧焊、绑扎连接。

（3）底板施工模板主要采用竹胶板＋方楞＋钢管拼装而成；施工宽缝模板主要采用竹胶板＋方楞拼装而成。施工时先测量放样模板边线，底板外侧每隔 1.5m 采用水平钢管将钢管桩连成受力整体，在钢管上设置水平支撑及斜支撑，以防止模板移动。

（4）混凝土浇筑前预埋冷却水管布设、预埋测温点。

（5）止水缝采用 2 道止水，即紫铜片、遇水膨胀橡胶止水带，紫铜片采用铜焊条进行焊接。止水缝处用 40 号沥青浇灌。每段之间结构缝宽 20mm，采用厚 20mm 的 PEB3 聚乙烯泡沫板填充。

（6）混凝土浇筑后采用抹面机配合人工抹面，完成后埋入临时沉降点，覆盖土工布洒水养护。

（7）浇筑 1d 后及时掌握大体积混凝土内外温差，控制内外温差不超过 25℃，每天及时进行内外温度测量。在混凝土温升期间采用布设的冷却水管进行降温，确保底板大体积混凝土不会在温度应力作用下开裂。

3.4.2　闸室墙施工技术

闸室墙是整个船闸运输航道中最重要的部分，其施工质量的好坏直接关系到运输航道能否顺利完工。为实现闸室墙的高效、快速施工，需要进行自动化、信息化、智能化改进，为此采取自主研发的装配式智能移动模机开展闸室墙的施工。

1. 闸室墙施工工艺流程及技术要点

1）施工工艺流程

闸室墙施工工艺流程如图 3-62 所示。

2）技术要点

（1）测量放线。在闸室墙体加强角上放出模板控制底边线，依次弹出模板和预埋件安装的位置线。模板就位前，必须做好抄平放线工作。

（2）钢筋绑扎与安装。钢筋采用上下闸首设置的塔式起重机运至闸室基坑内，人工运输至施工部位，现场钢筋临时堆放时也必须加垫。钢筋运输时要注意保持其几何形状。钢筋绑扎前，将钢筋表面漆锈、油渍、泥砂等用钢丝刷及抹布清理干净。在闸室墙体内、外两层钢筋之间搭设必要的简易工作平台，利用下部已绑扎好的钢筋作为支撑逐层搭设。钢筋与模板之间设置专业厂家生产的产品保护层垫块，以确保保护层厚度符合设计和规范要求。绑扎钢筋的铁丝头不得深入混凝土保护层内，缺扣、松扣的数量不超过绑扎数的

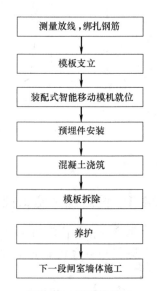

图 3-62 闸室墙施工
工艺流程

10%，且不得集中。

（3）模板支立。模板支立前，钢筋必须绑扎完毕，并经验收凿毛合格，残渣清理干净。按照闸室墙施工段的长度和高度，设计分片定制钢模板并拼接成整体大模板，形成内、外大模板系统。

（4）装配式智能移动模机就位。将上述闸室内、外侧大模板系统悬挂在装配置智能移动模机的支撑系统上，使用精轧螺纹钢制作的对拉螺杆连接内、外侧模板，防止胀模。同时，通过支撑系统立柱上的横向微调拉杆，调整内、外大模板的垂直度和模板位置。

（5）预埋件安装。施工过程中应重点保证预埋件（止水铜片、橡胶止水、对拉螺杆、浮式系船柱等预埋件）无遗漏、位置准确且安装牢固。

（6）混凝土浇筑。采用商品混凝土，由两台 120m³/h 拌合楼集中搅拌，罐车运送至现场，一台混凝土汽车泵输送入仓。下料时要保证混凝土自由落灰高度不超过 2m，防止离析，必要时泵车混凝土输送管伸入模板内，并控制分层厚度在 40～50cm，计划浇筑 6h。

（7）模板拆除。现浇混凝土达到预定强度后，松开对拉螺杆，脱模，并立即将模板表面清理干净，然后涂油保养，防止锈蚀。

（8）下一段闸室墙体施工。移动大模板由卷扬机牵引移至下一段闸室墙，进行再一次的模板就位，固定。

2. 三段式对拉螺杆套管施工技术

1）三段式对拉螺杆套管结构的提出及论证

上述闸室墙在混凝土构件浇筑时，为满足浇筑构件的几何尺寸和形状的工程要求，需要架设定位模板。目前，定位模板的固定通常采用对拉螺杆。但在拆除定位模板后，需将露出混凝土表面的对拉螺杆剔除，以往多采用冲击钻将对拉螺杆进行剔凿、切断的处理方法，但该方法不仅施工繁琐，对拉孔周围破损严重需要后期进行填补，而且剔凿后对拉孔内残余碎屑难以清理，封堵后影响防水墙防水效果。为此，近年来出现了多种组合式对拉螺杆，以避免使用切割的方式拆除对拉螺杆，包括可周转对拉螺杆[60]、组合式对拉止水螺杆[61]、三段式止水螺杆[62] 和新型三段式止水螺杆[63]。组合式对拉螺杆均采用三段式结构，即中间为埋入段螺杆，两端为外接段螺杆，埋入段螺杆与外接段螺杆通过螺栓连接，拆除模板前直接将外接段螺杆拧出，埋入段螺杆则永久性留在混凝土结构中。组合式对拉螺杆可以很好地解决切割法带来的对拉孔周围破损问题，但仍存在螺杆浪费、未考虑水工结构中埋入段螺杆后期的腐蚀问题，整体经济效益较低。

本节提出一种三段式对拉螺杆套管，该套管可达到减小对拉孔周围破损程度、回收利用螺杆以及避免螺杆发生腐蚀的目的。同时，通过抗拔试验、粗糙度试验以及数值模拟对该套管中起重要作用的减阻材料进行优选，以提高该套管的适用性。

（1）三段式对拉螺杆套管结构

三段式对拉螺杆套管由三部分组成，呈对称结构。其中，套管两端为套管 A，中间段为套管 B（图 3-63）。三段式对拉螺杆套管应用于施工现场时（图 3-64），套管 A 伸出混凝土构件的定位模板，套管 B 作为埋入段永久性浇筑在混凝土构件内；套管 A 包括隔水材料、减阻材料和套管接头，其中套管接头外包减阻材料，减阻材料外包隔水材料；套管接头与套管 B 均为 PVC 管，套管接头套接在套管 B 两端。待混凝土终凝后，依次拆除定位螺母、定位模板并取出套管中的对拉螺杆，最后拔出套管接头。此时即可形成规则且周围无破损的对拉孔，且对拉孔内没有过多碎屑，可提高后期对拉孔封堵质量。相较于已有组合式对拉螺杆，该套管具有可回收利用螺杆以及避免螺杆腐蚀的优势。

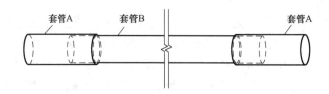

图 3-63　三段式对拉螺杆套管整体结构示意

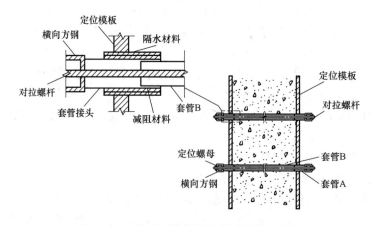

图 3-64　三段式对拉螺杆套管现场使用示意

（2）减阻材料选取

三段式对拉螺杆套管中的隔水材料用于隔离水泥砂浆渗透进减阻材料，减阻材料用于减小套管接头与混凝土之间的摩擦力，因此隔水材料和减阻材料对于套管接头的拔出以及成孔质量极为重要。考虑到工程效益，常用隔水材料为牛皮纸和橡胶膜，但牛皮纸强度较低，在套管接头拔出时易损坏，因此选择橡胶膜作为隔水材料。常用减阻材料有珍珠棉、气泡膜、报纸等，通过抗拔试验、粗糙度试验以及数值模拟对这三种减阻材料进行优选（图 3-65），以提高三段式对拉螺杆套管的适用性。

（3）抗拔试验

图 3-66 所示为本次抗拔试验装置，主要由应变仪、带有三段式对拉螺杆套管的混凝土试块、吊钩、砝码以及支撑结构组成。因三段式对拉螺杆套管两端结构是一致的，本次只对一端的套管接头进行抗拔试验，套管接头上贴有应变片导线与应变仪相连，如图 3-67 所示。

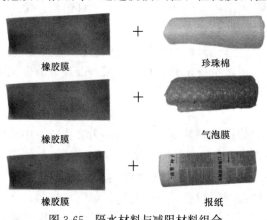

图 3-65　隔水材料与减阻材料组合

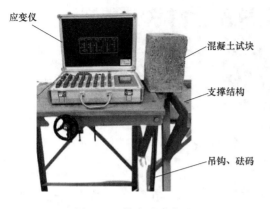

图 3-66　拔出试验装置

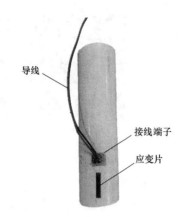

图 3-67　贴有应变片的套管接头

本次抗拔试验主要步骤如下：

① 在套管接头上贴应变片并组建带有不同减阻材料的对拉螺杆套管，将组建好的套管浇筑在混凝土试块内。

② 待混凝土终凝后，将整体组件倒置于稳定支撑桌面上，并将套管接头上另一端导线与应变仪相连。

③ 以叠加砝码的方式实现分级加载，每级加载为 12.495N，同时记录每级加载后套管接头上的应变。

图 3-68 所示为试验中所记录的套管接头应力-应变曲线，由图可知，试验初始时因混凝土对套管接头产生了挤压力，套管接头上应变为较小的负值；随着荷载继续增加至临界值，套管接头开始产生位移，此时套管接头上应变变为正值且快速增加；随着荷载继续增加，套管接头最终脱离混凝土试块，此时试验停止。当套管接头产生位移时，其对应的荷载分别是 99.960N（珍珠棉）、112.455N（气泡膜）和149.940N（报纸）；当套管接头脱离混凝土试块时，其对应的荷载分别为 162.435N（珍珠棉）、187.425N（气泡膜）和 237.405N（报纸）。由此可知，当减阻材料为珍珠棉时，套管接头的抗拔阻力最小。

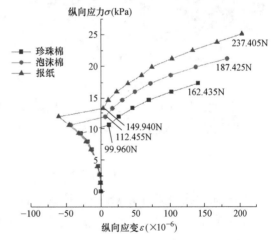

图 3-68　拔出试验套管接头应力-应变曲线

套管接头拔出后，对拉孔周围的破损程度如图 3-69 所示。减阻材料为珍珠棉时，对拉孔周围无明显破损；减阻材料为气泡膜时，对拉孔周围有少许破损；减阻材料为报纸时，对拉孔周围有明显破损。

综上所述，三段式对拉螺杆套管是可行的，通过将套管接头拔出可以形成对拉孔，符合工程需求；当减阻材料为珍珠棉时，套管接头的抗拔阻力最小，成孔质量最好。

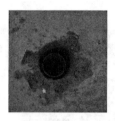

(a) 珍珠棉　　　　　　(b) 气泡膜　　　　　　(c) 报纸

图 3-69　对拉孔周围破损情况

（4）粗糙度试验

为进一步探究减阻材料对套管接头拔出效果的影响机制，在图 3-69 所示的三个经过抗拔试验的混凝土试块套管孔内壁取样并进行粗糙度扫描。图 3-70 所示为本试验所采用的基恩士 VK-X1000 形状测量激光显微镜，测试标准参照国际标准 ISO 25178-2[64] 执行以获取样品表面形貌，之后利用基恩士多文件分析软件 VK-X Series 对样品表面形态信息进行校正处理并获得样品表面粗糙度参数。本试验不考虑尺寸效应对粗糙度的影响。

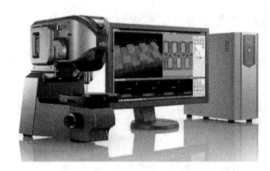

图 3-70　形状测量激光显微镜

本试验所包括的粗糙度参数有：算数平均高度 S_a、最大高度 S_z、表面性状的宽高比 S_{tr}、峰顶点的算术平均曲率 S_{pc}、界面的展开面积比 S_{dr}，其各自的含义及其理论计算式如下[65]。

① 算数平均高度（S_a）：表示定义区域中各点的高度绝对值的平均值，为表面性状的高度参数。计算式为：

$$S_a = \frac{1}{A} \iint_A |z(x,y)| \, \mathrm{d}x\mathrm{d}y \qquad (3-7)$$

② 最大高度（S_z）：表示定义区域中最大峰高度（S_p）和最大谷深度（S_v）之和，为表面性状的高度参数。计算式为：

$$S_z = S_p + S_v \qquad (3-8)$$

$$\text{其中 } S_p = \max_A z(x,y); S_v = \min_A z(x,y) \qquad (3-9)$$

③ 表面性状的宽高比（S_{tr}）：是显示表面性状均一性的尺度，为表面性状的空间参数。计算式为：

$$S_{tr} = \frac{\min\limits_{t_x, t_y \in R} \sqrt{t_x^2 + t_y^2}}{\max\limits_{t_x, t_y \in Q} \sqrt{t_x^2 + t_y^2}} \qquad (3-10)$$

$$\text{其中} \quad \begin{aligned} R &= \{(t_x, t_y): f_{ACF}(t_x, t_y) \leqslant s\} \\ Q &= \{(t_x, t_y): f_{ACF}(t_x, t_y) \geqslant \text{sand} * *\} \end{aligned} \qquad (3-11)$$

式中，$**$ 表示在连接原点和点（t_x，t_y）的直线上的任意点处 $f_{ACF} \geqslant s$ 成立，其中 f_{ACF} 为样品表现空间参数的自相关函数，计算式为：

$$f_{ACF}(t_x, t_y) = \frac{\iint\limits_A z(x,y)z(x-t_x, y-t_y \mathrm{d}x\mathrm{d}y)}{\iint\limits_A z(x,y)z(x,y)\mathrm{d}x\mathrm{d}y} \tag{3-12}$$

④ 峰顶点的算术平均曲率（S_{pc}）：表示定义区域中峰顶点主曲率的算术平均，为表面性状的复合参数。计算式为：

$$S_{pc} = -\frac{1}{2}\frac{1}{n}\sum_{k=1}^{n}\left(\frac{\partial^2 z(x,y)}{\partial x^2} + \frac{\partial^2 z(x,y)}{\partial y^2}\right) \tag{3-13}$$

⑤ 界面的展开面积比（S_{dr}）：表示定义区域的展开面积（表面积）比定义区域的面积增大了多少，为表面性状的复合参数。计算式为：

$$S_{dr} = \frac{1}{A}\left[\iint\limits_A \left(\sqrt{\left[1+\left(\frac{\partial z(x,y)}{\partial x}\right)^2 + \left(\frac{\partial z(x,y)}{\partial y}\right)^2\right]} - 1\right)\mathrm{d}x\mathrm{d}y\right] \tag{3-14}$$

不同减阻材料套管孔内壁表面 3D 形貌如图 3-71 所示。由图可知，当减阻材料为珍珠棉时，套管孔内壁相对光滑、平整；减阻材料为气泡膜与报纸时，套管孔内壁相对粗糙。统计不同减阻材料套管孔内壁表面高度参数算术平均高度 S_a 和最大高度 S_z，如图 3-72 所示，得出减阻材料为珍珠棉时，样品表面的 S_a、S_z 最小，减阻材料为报纸时次之，减

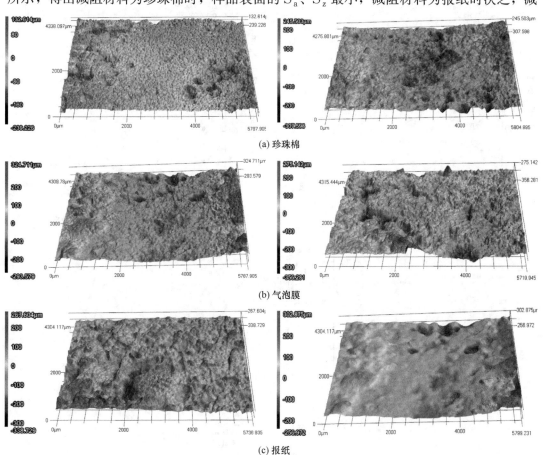

(a) 珍珠棉

(b) 气泡膜

(c) 报纸

图 3-71　套管孔内壁表面 3D 形貌

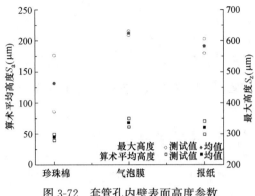

图 3-72 套管孔内壁表面高度参数

阻材料为气泡膜时最大。

图 3-73 所示为不同减阻材料套管孔内壁表面性状的宽高比 S_{tr} 值、峰顶点的算术平均曲率 S_{pc} 值、界面的展开面积比 S_{dr} 值。表面性状的宽高比与其表面的均匀性相关，数据愈接近于零则说明在所有方向上具有愈均匀的表面；峰顶点的算术平均曲率与样品表面的尖锐程度相关，其值愈大则表面形成的山峰愈尖锐；界面的展开面积比反映偏离基准水平面的斜面相对于基准面的增加比率，数值越大说明其产生的斜面越大。由图 3-73 可知，减阻材料为珍珠棉时，套管孔内壁表面性状的宽高比 S_{tr}、峰顶点的算术平均曲率 S_{pc}、界面的展开面积比 S_{dr} 均为最小，减阻材料为报纸时次之，减阻材料为气泡膜时最大。

综上分析，在套管接头拔出过程中，珍珠棉与套管孔内壁作用后，套管孔内壁的粗糙

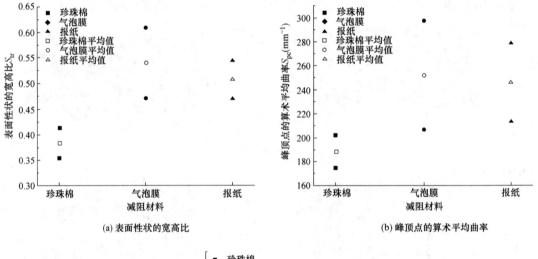

(a) 表面性状的宽高比   (b) 峰顶点的算术平均曲率

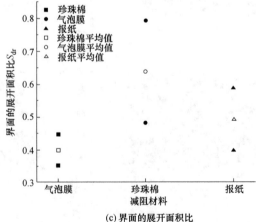

(c) 界面的展开面积比

图 3-73 套管孔内壁表面粗糙度结果

度最小，即减阻材料为珍珠棉时拔出效果最好。

（5）数值模拟

为探究不同减阻材料时对拉孔周围破损程度不同的原因，采用 ANSYS WorkBench 软件开展抗拔试验的数值模拟。根据抗拔试验模型，构建数值网格计算模型如图 3-74 所示。混凝土试块尺寸为长 140mm、宽 140mm、高 200mm；PVC 杆的内径为 6mm，外径为 8mm；隔水材料、减阻材料厚度为 10mm，高度均为 100mm，模拟时所需材料物理参数如表 3-5 所列。数值模拟中对套管接头施加的荷载规律与抗拔试验一致。

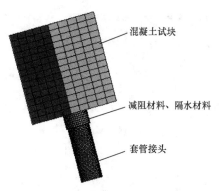

图 3-74 数值网格计算模型

材料物理参数 表 3-5

材料	密度(kg/m³)	最大抗压强度（MPa）	最大抗拉强度（MPa）	抗拉屈服强度（MPa）	减阻材料与套管接头之间的摩擦系数 μ
混凝土	2400	35	20	—	—
PVC管	1400	—	60	75	—
珍珠棉	30	—	0.25	0.33	0.15
气泡膜	16	—	0.10	0.33	0.22
报 纸	400	—	7	10	0.25
橡胶膜	1100	—	12	18	—

图 3-75 所示为数值模拟中套管接头在抗拔过程中的荷载-位移关系曲线。由图可知，在前几次加载过程中荷载较小，此时套管接头不产生位移；随着荷载的增加，套管接头开始出现位移，直至脱离混凝土试块。套管接头产生位移时，其对应的荷载分别为 49.980N（珍珠棉）、62.475N（气泡膜）和 87.465N（报纸）；套管接头脱离混凝土试块时，其对应的荷载分别为 112.455N（珍珠棉）、137.445N（气泡膜）和 187.425N（报纸）。由此可知，当减阻材料为珍珠棉时，将套管接头拔出所需的力最小，数值模拟与抗拔试验结果一致。

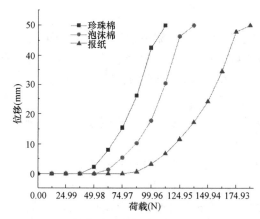

图 3-75 数值模拟套管接头荷载-位移关系

不同减阻材料套管接头拔出后对拉孔周应力分布如图 3-76 所示。根据计算结果，减阻材料为珍珠棉、气泡膜、报纸时，套管接头拔出后对拉孔周所受的最大应力分别为 4.069kPa、4.472 kPa、7.182 kPa。说明当减阻材料为珍珠棉时，对拉孔周围破损程度最小的原因在于，对拉孔周混凝土所承受的应力最小。

通过拔出试验、粗糙度试验以及数值模拟，不仅对起着重要作用的减阻材料进行了优选，提高了三段式对拉螺杆套管的适用

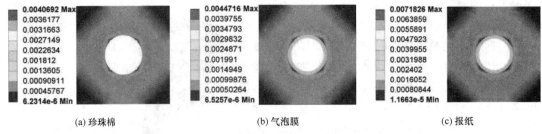

(a) 珍珠棉　　　　　　　　　　(b) 气泡膜　　　　　　　　　　(c) 报纸

图 3-76　对拉孔周应力分布（单位：MPa）

性；同时还论证了该套管可以解决工程中存在的漏浆以及对拉孔周因开凿出现破损的问题，说明该套管可以满足施工要求。

2）三段式对拉螺杆套管的安装及拆卸施工技术

（1）施工工艺流程

三段式对拉螺杆套管施工工艺流程如图 3-77 所示。

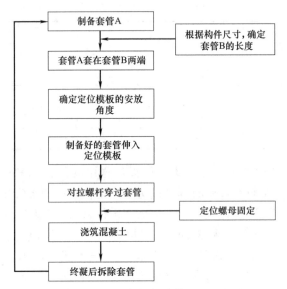

图 3-77　三段式对拉螺杆套管施工工艺流程

（2）技术要点

① 对拉杆由隔水材料、减阻材料及套管接头组成，将减阻材料、隔水材料依次套接到套管接头的外侧，制成套管 A，套管 A 包括隔水材料、减阻材料和套管接头，且三种构件为预制一体成型。隔水材料为橡胶材料制成，减阻材料为聚乙烯脂材料制成，套管接头为聚氯乙烯材料制成。

② 根据需要浇筑混凝土构件的尺寸，确定套管 B 的长度，并将套管 A 套接在套管 B 的两端，完成对拉螺杆套管的组装。

③ 根据需要浇筑混凝土构件的形状和尺寸，确定定位模板的安放角度。

④ 将组装好的对拉螺杆套管从定位模板上的套管孔伸入，伸入长度为 150～200mm。

⑤ 将对拉螺杆从一侧定位模板上的对拉螺杆孔伸入，并从安放好的套管内穿过，再由另一侧定位模板上的对拉螺杆孔伸出，然后用定位螺母可靠固定。

⑥ 混凝土浇筑位置在两块定位模板之间，待终凝后形成混凝土构件。

⑦ 浇筑完成10h，待混凝土完成终凝以后，先拆除定位螺母，再拆除两块定位模板。

⑧ 定位模板拆除以后，套管两端的拔出段可以取下，在混凝土构件上形成一个深度为50mm的凹槽；将套管A从混凝土构件中拔出，使得套管B的边缘与混凝土构件的表面距离不小于50mm，并形成一个圆形凹槽。

3. 浮式系船柱施工技术

浮式系船柱是船闸主体的重要组成部分，在闸室内外高水位差的情况下，浮式系船柱有利于船只安全、有序地通过船闸。浮式系船柱由浮筒、系船冒、系船架、支撑压板、滚轮等组成，通常安装在闸室墙预留的凹槽内，槽内的主要预埋件为导轨、护角。浮式系船柱的运行原理是，依靠闸室内水对浮筒的浮力，使滚轮沿着导轨上下滚动，使系船冒保持与水面相对位置不变。为解决现有施工方法存在的难度（预埋件的架立、混凝土振捣难度大），本节提出一种可实现浮式系船柱一次性施工成型的方法，在缩短工期、降低施工难度的同时，保证施工整体质量。

以两层预埋件为例，该浮式系船柱周边混凝土一次性浇筑结构由四部分组成，包括底座支撑、底层导轨及护耳、导轨连接垫片、顶层导轨及护耳，如图3-78所示。

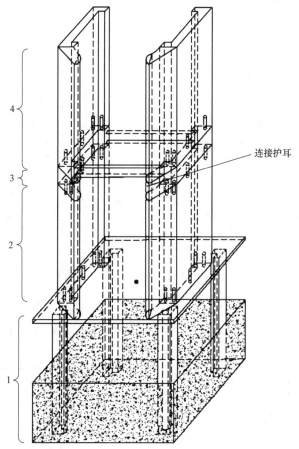

1—底座支撑； 2—底层导轨及护耳； 3—导轨连接垫片；
4—顶层导轨及护耳

图3-78 浮式系船柱内部结构示意

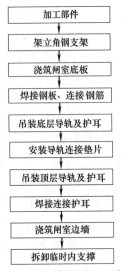

加工部件

↓

架立角钢支架

↓

浇筑闸室底板

↓

焊接钢板、连接钢筋

↓

吊装底层导轨及护耳

↓

安装导轨连接垫片

↓

吊装顶层导轨及护耳

↓

焊接连接护耳

↓

浇筑闸室边墙

↓

拆卸临时内支撑

图 3-79 浮式系船柱施工工艺流程

1）施工工艺流程

浮式系船柱施工工艺流程如图 3-79 所示。

2）技术要点

（1）加工部件。在安装各个部件之前，先在场地加工区将底层导轨和底层护耳焊接为整体结构，将支撑钢条分别焊接在底层护耳上、下两端的凹侧，再使用固定钢条焊接在底层导轨和底层护耳之间，焊接位置也是在两者的上、下两端，经过以上加工得到一个底层导轨及护耳整体结构（图 3-80a）；顶层导轨和顶层护耳通过焊接成为整体结构，将支撑钢条分别焊接在顶层护耳上、下两端的凹侧，再使用固定钢条焊接在顶层导轨和顶层护耳之间，焊接位置也是在两者的上、下两端，经过以上加工得到一个顶层导轨及护耳整体结构（图 3-80b）；将左、右两部分连接垫片通过临时内支撑以及螺栓连接成为整体结构（图 3-80c）。

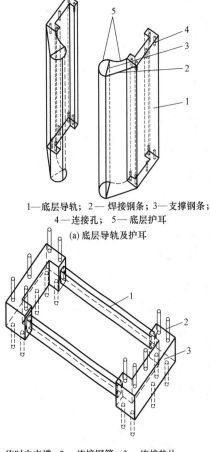

1—底层导轨；2—焊接钢条；3—支撑钢条；
4—连接孔；5—底层护耳

(a) 底层导轨及护耳

1—连接孔；2—顶层导轨；3—焊接钢条；
4—支撑钢条；5—顶层护耳

(b) 顶层导轨及护耳

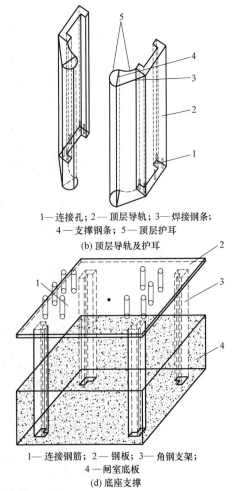

1—临时内支撑；2—连接钢筋；3—连接垫片

(c) 导轨连接垫片

1—连接钢筋；2—钢板；3—角钢支架；
4—闸室底板

(d) 底座支撑

图 3-80 各部件示意

（2）架立角钢支架。在浇筑闸室混凝土底板之前，先将若干根角钢架立在预留凹槽指定位置。

（3）浇筑闸室底板。架立角钢支架以后浇筑闸室混凝土底板，待底板混凝土达到一定强度后，形成一个稳定的角钢支架。

（4）焊接钢板、连接钢筋。将一块钢板安装在角钢支架上方，在两者接触面进行焊接，钢板的上表面高程与整个结构的底部设计高程一致，再根据结构中心点将若干根底层连接钢筋焊接在钢板上。焊接完成后，角钢支架、钢板、连接钢筋共同形成整个结构的底座支撑（图3-80d）。

（5）吊装底层导轨及护耳。在加工完成底层导轨及护耳整体结构后，通过底层导轨下表面的连接孔与底层连接钢筋相接，将底层导轨及护耳安装在底座支撑上。

（6）安装导轨连接垫片。在加工完成导轨连接垫片整体结构后，将导轨连接垫片通过下表面的垫片连接钢筋与底层导轨上表面的连接孔相接，将导轨连接垫片安装在底层导轨及护耳上方。

（7）吊装顶层导轨及护耳。在加工完成顶层导轨及护耳整体结构后，通过顶层导轨下表面的连接孔与导轨连接垫片上表面的垫片连接钢筋相接，使顶层导轨及护耳安装在导轨连接垫片上方；同时，顶层导轨及护耳最上端高程与浮式系船柱整体上部设计高程一致。

（8）焊接连接护耳。对于导轨连接垫片竖直方向上所对应相等高度缺失的护耳，截取等高度的连接护耳并与底层护耳、顶层护耳进行焊接，使连接护耳、底层护耳和顶层护耳三者位置相对应并位于同一竖直线上。

（9）浇筑闸室边墙。待浮式系船柱埋件结构全部安装完成后，闸室边墙架立模板，浮式系船柱和闸室边墙同时浇筑混凝土。

（10）拆卸临时内支撑。待浮式系船柱部位混凝土达到一定强度后，拆除导轨连接垫片的临时内支撑。

本方法通过设置底座支撑，依靠连接钢筋、垫片连接钢筋将结构一层一层安装起来，即提前在预留凹槽中利用装配式构件进行预埋件的安装，形成稳定结构后（图3-81a），浮式系船柱和闸室边墙同时浇筑混凝土，浇筑时预埋件的侧面还可以充当模板的作用，浮式

(a) 施工阶段　　　　　　　　　　　(b) 施工完成

图3-81　浮式系船柱施工现场

系船柱周边的振捣空间也大大增加，从而可缩短工期，降低上下两节导轨的焊接难度，降低混凝土的振捣难度。待浇筑完成后，将装配式构件导轨连接垫片中的临时内支撑拆除（图 3-81b），不仅节约材料，还给浮筒留出了工作空间，使浮筒在运行期间可以随着闸室水位的变化而上下浮动，达到良好的设计要求。

3.5 附属设施施工技术

为了保障船舶的安全停靠和船闸运行期间的安全，船闸周围需设置防冲设备和系船设备，本节主要介绍对应的引航道施工技术和靠船墩施工技术。

3.5.1 引航道施工技术

引航道的作用是保证船队（船舶）顺利进出船闸，并为等待过闸的船队（船舶）提供临时的停泊场所。其上游段多为喇叭形，航道狭窄，船舶汇集，是调整船位、引导船舶过闸的重要水域。

1）施工工艺流程

引航道施工工艺流程如图 3-82 所示。

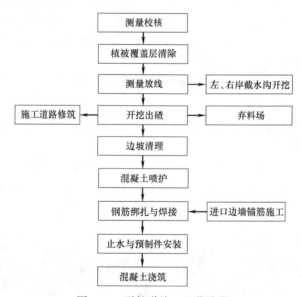

图 3-82 引航道施工工艺流程

2）技术要点

（1）用全站仪测放开挖及填筑边线、高程、桩号，并做明确标志。

（2）船闸进口基坑开挖施工期不应在雨期，施工期截水沟应与边坡永久排水系统一并考虑，并在不影响施工的情况下尽早形成。沿开挖边界外人工开挖截水沟，以避免地表水及雨水流入船闸进口基坑。截水沟边坡应稳定，沟底纵坡平顺，引向自然排水沟或河道。

（3）混凝土喷护时，土质边坡自下而上施喷，石质边坡自上而下施喷。喷头应垂直壁面，距壁面 800～1000mm，混凝土可一次喷至设计厚度。每 150～200m^2 为一个喷护单元，两个相邻喷护单元搭接时，已喷面应用水管冲洗干净。

（4）船闸进口边墙锚筋应在混凝土浇筑前施工，采用 YT-28 手风钻造孔，罐式注浆机注浆。

（5）施工缝面的处理包括工作缝和冷缝。混凝土初凝后、终凝前，用压力水冲去新浇筑混凝土表面的乳皮和灰浆，直到混凝土表面积水由浑变清，露出粗砂粒或小石，使其表面成毛面；对冲洗后局部效果不好的，辅以人工凿毛，以确保混凝土表面成毛面。在浇筑上一层混凝土前，对经过冲毛和打毛的缝面，仔细清除松动的石子、泥砂和污物，并再次用压力水冲洗干净，排除积水，以充分确保新老混凝土良好结合。

3.5.2　靠船墩施工技术

船舶过闸时，船闸的冲泄水引起水流条件变化较大。为保障船舶的航行安全，前面的船舶过闸时，其他船舶应停在锚地等候。为提高过闸能力，在锚地和船闸之间布设靠船墩，供船舶进闸之前临时停靠，减少船舶直接从锚地发船的时间，同时避免其他船舶过闸带来的安全问题。因此，合理地布设靠船墩，可以在保证航行安全的同时提高过闸能力。靠船墩有单侧和双侧之分，通常每个船闸对应一个靠船墩。

1）施工工艺流程

靠船墩施工工艺流程如图 3-83 所示。

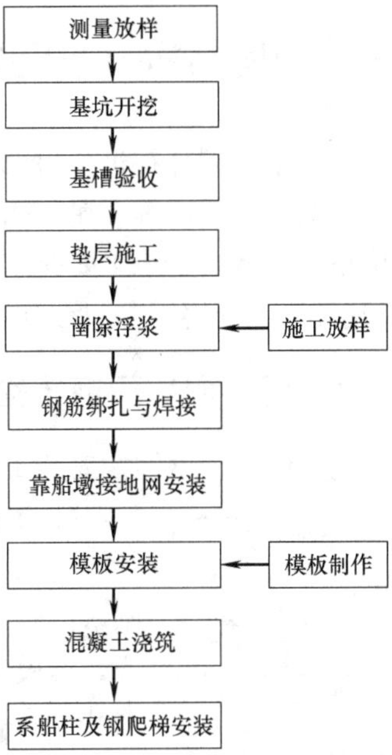

2）技术要点

（1）平面定位采用 GPS 进行放样，依次放出基础边线、基槽底边线后向外延伸 0.5m 为工作面，基坑按图纸要求进行放坡开挖。

（2）采用人工配合挖掘机进行开挖，开挖过程中随时对基坑平面尺寸和标高进行测量控制。当挖到离设计地面标高 300mm 处时，采用人工清基，整平。基坑开挖过程中若发现有渗水现象，为防止基坑渗水汇集，应在基坑基础范围内做人工盲沟，形成排水网，以便基底渗水全部排出，并做集水井，配备足够的潜水泵以便抽水。

（3）垫层施工。人工将基坑清理至设计高程后按要求进行基底处理和整平，整平后浇筑 200mm 厚 C20 富浆混凝土垫层，除强风化—弱风化花岗岩基础外，必须在 4h 内浇筑 200mm 厚 C20 富浆混凝土覆盖建基面；强风化—弱风化花岗岩基础必须在 12~24h 内浇筑 200mm 厚 C20

图 3-83　靠船墩施工工艺流程

富浆混凝土覆盖建基面。混凝土边线按图纸要求比每边基础宽 150mm。

（4）墩身钢筋在项目部钢筋场地内进行加工，加工成型后运至现场进行绑扎。加工下料时注意错开主筋接头，保证同一截面的接头数量不超过 50%，接头的折角、轴向偏差符合规范要求等。对于分段预留钢筋，应按墩身钢筋焊接要求预留，即墩身钢筋高差保证在 35d 以上且不小于 500mm，保证墩身钢筋接头同截面错开 50%。绑扎过程中，全部绑扎不得跳扣，绑丝严禁沿钢筋一顺绑扎，采用"八"字形绑扎法，并将绑丝头内折向墩柱内，防止绑丝接触模板，造成漏筋及锈斑。

（5）靠船墩接地网通过墩内主筋通长焊接成接地钢筋网笼。横、纵向连接采用 $\phi14$

钢筋制作成 L 形，焊接长度每侧大于 100mm。对于接地体钢筋，局部涂以醒目红漆作特殊标记，以便焊接和检查。靠船墩的照明灯杆、钢护木、钢爬梯、系船柱及其基础埋件就近与接地网连接，钢筋交叉处作 L 形钢筋焊接。靠船墩接地网接地电阻值要求小于 10Ω（墩身每层施工时均要测接地电阻值）。

（6）钢筋安装完成后，根据预埋件的位置，先采用绑丝将预埋件的锚筋进行固定；待模板安装完成后，由工人重新调整预埋铁件的位置，使预埋件紧靠模板；将锚筋与墩身主筋进行焊接，再将预埋件焊接。

（7）墩身模板采用人工配合起重机安装。模板安装前，在地面对模板进行组装；对基础顶面墩身模板安装的部分用水泥砂浆找平、封底，宽度满足模板下部底缘的要求；待砂浆凝固后安装模板，并在模板下缘与水平层间粘贴密封胶条，防止漏浆。

（8）混凝土采用分层浇筑方法进行施工。为防止混凝土自由下落高度过大致使混凝土离析，在每次浇筑下半截时，吊罐要求深入模板内，使混凝土自由下落高度不得大于 2m；如高于 2m 时，要加串筒进行浇筑。为防止一次浇筑厚度过大，影响拆模后混凝土外观，甚至出现冷缝，每层混凝土浇筑过程中采用插入式振捣棒振捣。

3.6　金属结构、机电安装技术

金属结构埋件在进口检修闸及出口控制闸土建施工期间即开始埋设，闸门土建完成后，开始安装闸门等金属结构，之后进行电气设备的安装。闸门等金属结构和电气设备均采用吊装安装。本节主要介绍闸（阀）门钢结构安装、液压启闭机安装、电气设备安装以及门、机、电联合调试及试运转。

3.6.1　闸（阀）门钢结构安装

闸（阀）门钢结构安装工艺流程如图 3-84 所示。

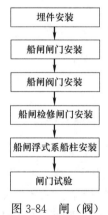

图 3-84　闸（阀）门钢结构安装工艺流程

1. 闸门埋件安装

当门槽或闸门孔口闸墩开始浇筑混凝土时，安装人员配合土建随闸墩或闸墙的升高调整预埋加固门槽插筋，待土建一期混凝土浇筑完成，拆模凿毛后，先对门槽孔进行检查，调直钢筋，再进行闸门埋件安装。安装后经工程师验收合格，浇筑二期混凝土。

1）在门槽中心线处焊测量架及门槽底槛中心线。

2）在孔口中心线两侧位置焊测量架，放出工作轨道中心线。

3）门槽的安装顺序由下往上按底坎、轨道的顺序进行，每个部件安装后进行加固，加固支撑焊在插筋上，自检合格，由工程师验收。

4）埋件安装：在一期混凝土内预制插筋，应用加固钢筋与主筋焊牢，以免浇筑二期混凝土时移位；根据设计图纸分别用全站仪、水准仪放出制点桩号、高程，接上弦线调正控制底坎，安装加固轨道，经验收合格后浇筑二期混凝土，浇筑过程中应注意对门槽构件的工作面进行必要的保护，避免碰撞及污物粘附。

2. 船闸闸门安装

在每扇门叶组装之前编制安装及焊接工艺报告，经由监理审阅认可后方可进行，该报告内容应包括闸门门叶拼装工作平台的位置、焊接工艺、安装措施，并着重注意控制焊接变形及保证底枢和顶枢安装精度，尤其是顶枢轴线与底枢轴线同轴度的工艺，背拉杆张拉工艺、环氧砂浆填料浇筑工艺以及控制支枕垫接触间隙的方法。三角闸门门叶的拼装和焊接工作，应当在闸室内设置的工作平台上进行，其位置应考虑安装起吊方便。

1）顶枢装置安装的偏差应符合下列要求：

（1）顶枢装置由供货商在工地进行找孔，为便于找准轴孔的中心位置，安装底枢放样时应在顶枢附近设置牢固、精确的轴心十字控制线，其线架应一直保留到验收合格为止。顶、底枢中心的同轴度公差不大于0.5mm。

（2）每对拉杆两端的高差不应大于1.0mm。

2）底枢装置安装的偏差应符合下列要求：

（1）两蘑菇头中心距离的偏差不应超过±1mm，高程偏差不超过 $^{+3}_{0}$ mm，左、右蘑菇头标高相对差不应大于2.0mm。

（2）底枢轴座的水平偏差不应大于1/1000。

3）支（枕）座安装的偏差控制：以顶、底支（枕）座中心的连线检查中间支（枕）垫块的中心线，要求其任何方向的偏移值不大于2mm。

4）支（枕）垫块与支（枕）座间应浇筑环氧砂浆填料，其成分、配制比例、初凝时间、力学指标和允许最小间隙应经试验决定，并经由监理认可后方可使用。

3. 船闸阀门安装

1）阀门安装前应以止水座面为基准面，检查4个主轮是否在同一平面内，其平面度允许公差不大于2.0mm，同时，滚轮对任何平面的倾斜应不超过轮径的2/1000。止水橡皮安装后压缩量应符合图纸规定。

2）阀门应做静平衡试验，其倾斜度不应超过门高的1/1000。

3）阀门安装尺寸的偏差，应符合施工详图的规定，图纸上未注明时按《水电工程钢闸门制造安装及验收规范》NB/T 35045—2014[66] 的有关规定执行。

4）阀门安装完毕后，会同监理对阀门进行试验和检查。在将阀门吊入阀门槽之前，阀门上的滑动支承面、轮子支承面应使用钙基黄油涂抹。水封橡胶与不锈钢水封座的接触面，在阀门下降和提升过程中应采用水冲淋润滑。试验前应检查并确认充水装置在其行程内升降自如、密封良好；吊杆的连接情况良好。

4. 船闸检修闸门安装

闸门安装前，对门叶的各项尺寸进行复查，并符合《水利水电工程钢闸门制造、安装及验收规范》GB/T 14173—2008[67] 的有关规定。

1）检修门底坎要求平直，平直度小于2.0mm，表面横向扭曲小于1.5mm。

2）闸门安装前清除门槛、门槽上的所有杂物。

3）检修门安装时，需配备合适的拖带船，并辅以手拉葫芦。

4）严格按照安装图要求进行安装。

5. 船闸浮式系船柱安装

浮式系船柱安装前必须进行透水性检查，不允许有任何漏水情况，且在水中浮起时要求平稳、不倾斜。浮式系船柱安装完成后，要求升降自如，无卡阻。

6. 闸门试验

1）闸门安装完成后，在无水情况下进行全行程启闭试验，有条件时可以做动水启闭试验。

2）试验前检查自动抓梁是否灵活可靠。

3）闸门启闭过程中，检查滚轮、支铰及顶、底枢等转动部位运行情况，闸门升降过程有无卡阻，启闭设备左右两侧是否同步，止水橡皮有无损伤。

4）闸门全部处于工作部位后，应用灯光或者其他方法检查止水橡皮的压缩程度，不应有透亮或间隙。

3.6.2 液压启闭机安装

液压启闭机安装工艺流程如图 3-85 所示。

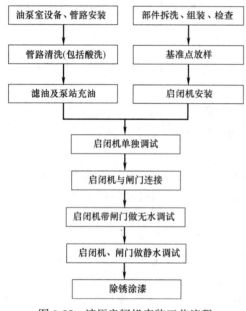

图 3-85　液压启闭机安装工艺流程

液压启闭机安装技术要点：

（1）液压启闭机的油缸总成、液压站及液控系统、电气系统、管道和基础埋件等，应按施工图纸和制造厂技术说明书进行安装、调试和试运转。

（2）液压启闭机油缸支承机架的安装偏差应符合施工图纸的规定。施工图纸未作规定时，油缸支承中心点坐标允许偏差为±2mm；高程允许偏差为±5mm。

（3）安装前对油缸总成进行外观检查，并对照制造厂技术说明书的规定时限，确定是否应进行解体清洗。如因超期存放，经检查需解体清洗时，应将解体清洗方案报送监理单位批准后实施。现场解体清洗必须在制造厂技术服务人员的全面指导下进行。

（4）液压系统用油牌号应符合施工图纸要求。液压油要求纯净，不应有机械杂质和水分，其清洁度应达到《液压传动 油液固体颗粒污染等级代号》GB/T 14039—2002 中要求的 16/13～18/15[68]。液压系统应采用低温环保液压油。

1. 液压启闭机安装

1）机架吊装就位后，检查其高程偏差不应超过±5mm，其中心线与门叶实际中心位移不超过±2mm，机架上平面（支撑面）水平度不大于 1/1000。浮动支承的油缸，其推力座环的水平偏差不大于 0.2/1000。双吊点液压启闭机的两支承面或支承中心点相对高差不超过±0.5mm。

2）启闭机电器设备的安装应符合施工图纸及制造厂技术说明书的规定；全部电气设备应可靠接地。

3）根据油缸结构特点，设计专用工具来锁住活塞杆，防止在吊装过程中，活塞杆向外伸出。油缸竖立时，可设计专用工具固定油缸吊头，将油缸的另一端用吊车缓缓起吊，或用两台吊车在空中翻身，油缸竖立后吊入安装部位。

4）油管接头采用法兰连接时，控制油管中心线与法兰面垂直，其误差不得大于1/1000。

5）为防止油管焊接时内部氧化，应采用氢弧焊，并对油管充入氩气或氮气进行保护。焊缝不得有气孔、夹渣、裂纹或未焊透等缺陷。

6）装配完成的油管路应拆下，用浓度为20％的硫酸或盐酸溶液进行酸洗，用浓度为10％的苏打水中和，再用清洁水冲洗干净。

7）管路安装完成后，应选用手压泵对其进行严密性试验，打压介质为液压油，打压压力为系统工作压力的1.25倍；保持10min，检查管路系统所有焊缝和接口无泄漏，管道无永久变形。

8）根据管路直径和长度，分别将其连接成一个或多个单元与清洗设备（如滤油机等）相连，对油管路进行循环冲洗，冲洗液选用与液压系统工作用油兼容的低黏度油液。冲洗过程中采用对管道轻轻敲打、振动、变换冲洗液流向等方法加强清洗效果。定时从清洗设备取样口提取样液进行检查，一般油液清洁度达到国家标准GB/T 14039—2002[68]中的NAS1638-8级以上即为合格。冲洗合格后重新就位连接。

9）启闭机安装完毕后，应对启闭机进行清理，修补已损坏的保护油漆，并根据制造厂技术说明书的要求灌注润滑脂。

2. 液压式启闭机的试运转

1）试运转前，液压系统的污染度等级不低于国家标准GB/T 14039—2002[68]中的NAS1638-9级。

2）对液压系统进行耐压试验。液压管路额定压力$P_额 \leqslant 16MPa$时，试验压力$P_试 = 1.5P_额$；$P_额 > 16MPa$时，$P_试 = 1.25P_额$。其余试验压力分别按各种设计工况选定。在各试验压力下保压10min，检查压力变化和管路系统漏油、渗油情况，整定各溢流阀的溢流压力。

3）在活塞杆吊头不与闸门连接的情况下，进行全行程空载往复动作试验3次，以排除油缸和管路中的空气，检验泵组、阀组及电气操作系统的正确性，检测油缸启动压力和系统阻力、活塞杆运动应无爬行现象。

3.6.3 电气设备安装

电气设备安装工艺流程如图3-86所示。

电气设备安装技术要点：

（1）电缆保护管的管口内侧要打坡口，做到光滑、无毛刺；明露的电缆管应根据要求采用防锈漆防腐，敷设完好后刷面漆；电缆管支持间的距离，设计无要求时不宜超过3m；当塑料管的直线长度超过30m时，加装伸缩节；直埋地下的电缆管采用沥青漆防腐，镀锌管锌层剥落处也应刷防腐漆。

（2）电缆管制作时应做到无裂缝、无明显的凹瘪，其弯曲程度不得大于管子外径的10％；电缆管的弯曲半径不小于所穿入电缆的最小允许

电管敷设

↓

管内穿线工程

↓

配电箱安装

↓

照明器具安装

↓

避雷接地装置

↓

系统调试

图3-86 电器设备安装工艺流程

弯曲半径；埋设深度不应小于 0.7m，在人行道下面敷设时不小于 0.5m；电缆管连接时，管孔对准，接缝严密，不得有地下水和泥浆渗入。

（3）变压器安装时，在各分接头的所有位置上测量绕组连同套管的直流电阻。相间测得值的相互差值应小于平均值的 2%，线间测得值的相互差值应小于平均值的 1%。试验结果与出厂实测数值比较，相应变化不应大于 2%。

（4）根据施工图和现场情况，对每个部位的接地线走向和位置进行路径规划并划线。扁钢经过平整、校直后，采用切割机和钢锯下料。接头的搭接长度、焊缝长度和质量符合设计及规范的要求，焊后应将焊件和焊缝清理干净，并加涂防腐涂料。凡从接地装置中引出的延伸部分均设置明显标记，并采取防腐和保护措施。各种接头的连接方式要严格按设计图纸和国家标准《电气装置安装工程 接地装置施工及验收规范》GB 50169—2016[69] 的规定进行施工，保证接触面积及接头质量。

1. 电管敷设

1）施工工艺流程

施工准备→预制加工→冷煨弯、切管、套丝→测定位置、固定箱盒→管路连接→管箍丝扣连接、钢管套管焊接、加工喇叭口→现场敷设→现浇混凝土墙中配管、楼板配管、填充墙内配管→接地跨接线焊接、清渣、吊顶内布管防腐。

2）技术要点

（1）每层电线管预埋必须与土建主体结构施工密切配合，现浇混凝土楼板内的底层筋完工后敷设电管，待电管敷设结束后再扎面筋（上层筋）。要求钢筋绑扎时分片、分块进行，或在底筋完工后留一段时间让安装人员敷设电管，最后扎面筋。

（2）管子进箱（盒）要顺直，箱（盒）可靠固定牢固；由于底层筋绑扎后要垫高（底层筋保护层），现浇混凝土楼板内电管进盒时一般做成 S 形。为了确保管路畅通，拆模后管盒要及时清理，如有堵塞需采取相应措施。所有管路敷设完毕，及时通知甲方（现场监理）验收，并在"隐蔽工程验收记录单"上签字认可。

（3）接地线通过沉降缝或伸缩缝时，按规范和施工图纸的规定采取过缝措施。施工图纸未作规定时，接地线埋设深度应不小于 0.6m。引至外部接地连接线的安装应便于检查和设备的拆卸与检修，接地线不得作其他用途。所有钢结构构件按施工图纸的规定进行接地。

2. 管内穿线工程

1）施工工艺流程

穿钢丝扫管→放断线绑扎引线→装设护口穿入导线→导线连接搪锡→包扎绝缘层→线路检查绝缘测试。

2）技术要点

管内穿导线根数必须符合设计要求，管内导线的总截面积（含绝缘层）不应超过管子截面积的 40%，导线在管内不得有接头和扭结，需接头时应在接线盒内连接。管口处装设护口，以保护导线绝缘层。在不进入盒（箱）的垂直朝天管口，穿入导线后应及时对管口做密封处理。

3. 配电箱安装

1）施工工艺流程

设备开箱检查→设备搬运→安装（稳装、上方母线安装、二次回路配线）→调整模拟运行。

2）技术要点

（1）所用配电箱到现场后（图 3-87），必须会同甲方开箱检查，主要检查外观是否有机械损伤，箱体是否完好、无变形、油漆良好，备件是否完整，产品、型号、规格是否与设计相符，出厂产品的技术资料（含产品合格证和质量保证书）是否齐全有效，并应填写"开箱检查记录"，参与人员均需签字。

（2）配电箱（板）应安装牢固，其垂直偏差不应大于 3mm；暗装时，照明配电箱（板）四周应无空隙，其面板四周边缘应紧贴墙面。箱体与建（构）筑物接触部分应涂防腐漆。

（3）照明配电箱（板）底边距地面安装高度应符合设计要求，当设计无要求时，不宜小于 1.8m。

（4）配电箱（板）内应分别设置零线和保护地线（PE）汇流板。

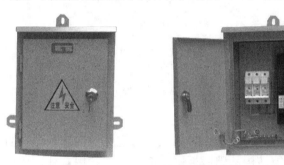

图 3-87　配电箱

4. 照明器具安装

1）施工工艺流程

照明器具安装工艺流程如图 3-88 所示。

2）技术要点

（1）灯具的高度、位置、型号、规格应符合设计要求。成排灯具安装后要成一线，安装牢固，内外整治。开关插座、照明配电箱等的安装高度、坐标均应符合设计要求。

（2）所有灯具开关应切断相线，严禁将开关接到零线。灯开关距门边框一般为 150～200mm，预埋管盒时注意门的开启方向及门的类型（平开门或对开门），推拉门处的开关尺寸与双扇平开门基本一致。

（3）镀锌钢管预埋按照有关规定进行施工。预埋电气管道的终端设置在明装的管道盒或设备上，采用模板固定管道，以保持准确位置。管道预埋后加盖防止堵管。

（4）预埋电气管道时，埋设的管道中间要穿一根直径不小于 2mm 的镀锌铁丝，两端露出管外并固定好。施工图纸另有规定时按规定执行。

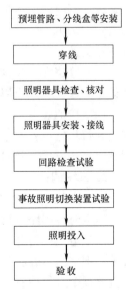

预埋管路、分线盒等安装

穿线

照明器具检查、核对

照明器具安装、接线

回路检查试验

事故照明切换装置试验

照明投入

验收

图 3-88　照明器具
安装工艺流程

（5）灯具安装时要采取防坠落措施。重型灯具的埋件，必须达到设计荷载要求，连接螺栓用扭力扳手拧紧，其拧紧力矩按厂家规定或选用的螺栓规格确定。

（6）照明塑料绝缘线在穿管时要防止电线绝缘损坏，导线连接用压接方式，若用绞接，则必须按工艺规程要求操作。地线和零线连接按设计和规程进行，灯座、外壳等非带电部分接地应完整、牢靠。

5. 避雷接地装置安装

1）施工工艺流程

避雷接地装置安装工艺流程如图 3-89 所示。

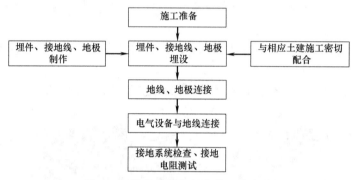

图 3-89　避雷接地装置安装工艺流程

2）技术要点

（1）利用结构基础底板内钢筋作为接地线，为避免破坏防水，在防水层外四周敷设 $-40\text{mm} \times 4\text{mm}$ 镀锌扁钢与结构基础底板钢筋连接，并利用其柱网主钢筋为避雷引下线；避雷针采用 $\phi 10\text{mm}$ 镀锌圆钢，沿墙明敷，凸出屋面金属物与避雷带用 $\phi 10\text{mm}$ 镀锌圆钢搭接焊连接。

（2）配电管沿最近线路敷设埋入梁、柱、墙内的电管，外壁与墙面的净间距不得小于 15mm，埋地、楼板内采用焊接钢管，在土层内暗埋配管时，需刷表漆防腐，应避免三管于一点交叉。

（3）管路在穿越构筑物基础时应加保护套管（不得穿过设备基础），穿越伸缩缝时应增设伸缩盒，并用金属软管过渡。

（4）接地装置全部敷设完毕后，进行接地装置工频特性参数的测量，包括测量接触电位差和跨步电位差及全部接地装置的接地电阻值。各项测量应符合相关规定及设计要求。测试工作结束后，及时整理接地系统的全部测试数据并提交监理工程师。

6. 系统调试

1）施工工艺流程

送电时分回路进行送电，先送电源侧，后送负荷侧；调试照明系统时，先把电送到照明低压配电柜，再合照明配电柜，逐层进行送电；合配电闸双电源箱开关，最后合户内箱开关，把室内灯开关打开，检查是否正常；检查开关控制回路是否控制火线；插座用相序检查器逐个进行检查，接线是否正确，漏电开关是否正常，如发现问题及时处理。

2）技术要点

（1）所有电气设备的绝缘和耐压试验应符合国家有关标准的规定。

（2）继电器的辅助接点容量和数量应满足控制运行的要求，并做到低耗及防尘。

（3）切换开关和按钮应适合频繁操作，开断容量满足控制回路要求，并有较大富余度。

（4）各闸室内闸门控制盘应带有电热除湿器，并符合防护等级 IP43[70] 的要求。

（5）电源参数为 AC380V/220V±15％、50Hz±5％，设备在此情况下应能正常工作。

（6）控制电缆可与电力电缆等一同敷设，但应保持一定的间隔。其敷设高差及间隔等应满足《电力工程电缆设计标准》GB 50217—2018[71] 的相关要求。

3.6.4　门、机、电联合调试及试运转

门、机、电联合调试及试运转的施工工艺流程为：无水联合调试→有水联合调试→快速闭门调试。

门、机、电联合调试及试运转的技术要点：

（1）一般规定

① 油缸总成、泵站、管路和电器控制系统装配合格后，在无水空载的条件下调试各项装置，使其准确动作。

② 按照《水运工程质量检验标准》JTS 257—2008[72] 的规定，在闸门、阀门、启闭机和电气控制设备全部安装完成后，必须在现场按下文所述顺序进行调试。

（2）调试前检查

① 闸门、阀门、启闭机设备应符合设计的要求。闸门底槛后、阀门门槽内的一切杂物应清除干净，保证闸、阀门和拉杆不受卡阻。

② 检查各支架（座）是否牢固，焊缝是否达到要求，紧固件是否松动。

③ 检查阀件和电器控制回路中的单个元件和设备的开关触点分合是否正确。

（3）试运转

① 在闸室无水状态下，将启闭机活塞杆与闸门、阀门分别连接，全行程运行不少于5次，运行平稳，无卡阻、跳动现象；各液压元件动作灵活可靠；各部位没有永久变形和其他异常现象。

② 按设计要求检查和调整闸（阀）门的运行速度、溢流阀的工作压力，并调整限位开关位置。

③ 阀门在全开位置呈自由悬吊状态，保持 30min，不允许阀门有下落现象；或检查48h，活塞下落不大于 200mm。

1. 无水联合调试

（1）检查闸（阀）门运行全过程是否平稳，有无卡阻、跳动现象。检查自落关阀门是否正常，并调整节流阀的流量，使关阀门的速度满足设计要求。

（2）检查闸（阀）门启闭过程中变速运行情况是否达到设计要求，调试开关闸门的同步。阀门应检查是否能顺利吊出检修平台（检查逐节拆除吊杆过程），并对照设计图纸，检查油缸是否能放倒至水平位置。调试完成后，检查吊杆有无变形，接头螺栓有无松动。同时检查闸（阀）门限位装置等是否符合设计要求。

2. 有水联合调试

（1）有水联合调试应按《水运工程质量检验标准》JTS 257—2008[72] 的有关规定

进行。

（2）按图纸要求进行有水联合调试，检测调试工作压力、运行速度等，具体检查项目包括：

① 检查液压系统工作情况。

② 检查溢流阀等的工作压力。

③ 检查动水提升和关闭阀门的速度，并记录是否有振动情况。

④ 检查闸门的启闭速度及时间、阀门的开启速度及时间；检查自落关阀门和强压关阀门的情况，并记录启闭阀门的时间。

3. 快速闭门调试

快速闭门调试应根据设计说明中的控制要求进行。所有阀门均应做相应的快速闭门试验，其闭门时间和要求不得低于设计要求。

第4章 大型船闸工程的智能监测

4.1 引言

本章基于控制论、信息论、计算机科学和智能科学，结合数字技术和施工虚拟仿真理论，由施工信息载体、施工信息全面感知、施工过程实时分析、施工参数智能优化、施工方案智能决策和执行五大部分建立大型船闸工程施工的整体智能监测体系，分析了施工中多源信息的内涵和特性。根据此体系对装配式智能移动模机进行了实时应力监测试验。结果表明，研发的移动模机具有较高安全性和适用性。根据大型船闸工程施工安全可视化需求分析，计算各个工作过程的可视化需求指数，构建大型船闸工程施工安全监测预警平台。最后介绍了大型船闸工程智能监测在派河口船闸工程的应用。

4.2 船闸工程施工控制的发展历程

大型船闸工程建设是经济发展与国计民生的基础，是水利工程中的重要组成部分。总体而言，船闸工程施工控制经历了传统控制、实时监控和智能监控三个重要的阶段（图4-1）。

在传统控制阶段，单纯依靠人工对施工过程进行全过程把控，依靠施工人员的技术水平执行施工过程，依靠监理旁站对施工过程进行监控；对于突发状况和异常施工情况依赖于人工分析和决策，并依赖人工进行反馈控制，其控制效果取决于管理和决策人员的专业水平和管理水平，以及施工人员的贯彻执行能力。在此阶段，管理人员和施工人员需同时驻守现场，人力资源消耗巨大，且施工控制的时效性低，准确性和有效性也相对较低。

随着信息技术和计算机技术的发展，提出了大型船闸工程施工实时监控技术。通过定位技术、传感技术、网络通信技术和计算机技术，实现了施工信息的实时采集和分析，施工管理者可在办公室环境完成施工监控工作。在此阶段，有效提高了部分施工环节信息获取的时效性和准确性，为施工管理提供了有力的辅助手段。但是在该阶段，施工信息的采集并不完全，未能对所有施工环节进行监控。此外，仍需依赖人工对施工过程进行决策和反馈控制，决策的准确性和有效性未得到显著提高。

随着智能计算、大数据等技术的发展，使得大型船闸工程施工控制迎来了新的智能监控阶段。在实时监控技术的基础上，应用智能分析技术，考虑多种施工信息的影响，在无需或减少人员参与的情况下完成施工过程的全面感知、真实分析、智能优化、动态决策和实时控制。在此阶段，智能技术代替了人工进行施工决策和控制，进一步减轻甚至摆脱了对人工的依赖，实现对施工过程的智能控制，提高了施工控制的时效性、准确性和有效性。

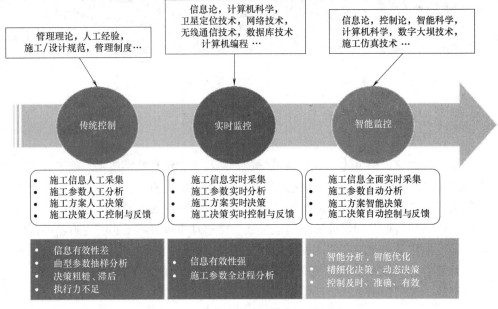

图 4-1 船闸工程施工控制发展历程

4.3 大型船闸工程智能监测

4.3.1 大型船闸工程智能监测原理

大型船闸工程整体监测以控制论、信息论、计算机科学和智能科学为基础，结合数字技术和施工虚拟仿真理论，由施工信息载体、施工信息全面感知、施工过程实时分析、施工参数智能优化、施工方案智能决策五大部分组成（图 4-2）。

施工信息载体是大型船闸工程施工智能监控的主体，是施工信息感知的对象，同时也是决策信息的执行主体。通过对施工信息载体所表达的施工信息进行不断分析、优化和决策，可最终改善施工信息载体的状态，实现船闸工程施工控制。

施工信息全面感知依托于信息技术的发展，包括施工信息采集和施工信息传输两部分，是实际信息载体与计算机分析的桥梁。施工信息采集主要包括：①卫星定位技术，可实现对装配式智能移动模机、长廊道输水模机等施工机械实时位置信息的采集，是船闸工程施工智能监控理论的重要参数；②传感器技术，可实现对模机运行应力数据、混凝土养护信息和扬尘数据等的采集；③射频识别技术，可实现对人员位置的识别，以及人员施工智能安全控制；④Zigbee 技术，代替卫星定位技术，可对信号强度差或者覆盖不到的区域进行补偿定位；⑤PDA 技术，可实现料源施工信息的采集和存储；⑥地磅称重，可实现在运输车满载状态下，对载重量进行称量，从而实现对施工进度和工作量的分析。施工信息传输包括数据传输电台、Wi-Fi 网络、移动数据网络、有线传输网络等，并利用路由器、交换机等网络设备和相应的数据网络接口，实现施工信息的有序传输。

施工过程实时分析以计算机技术为依托，包括对感知信息的解析、存储以及施工信息的加工和分析，可在模机应力分析、混凝土养护信息的基础上，实现对施工过程的分析。其中，运输过程实时分析包括道路行车密度、道路平均行车速度、装卸载异常情况和运输方量等；安全监测过程实时分析包括重大危险源辨识、人员位置监控等。

施工参数智能优化、施工方案智能决策这两部分是联动进行的。以计算机技术为背景，施工参数智能优化采用智能科学方法对施工过程进行优化，一方面对施工过程进行控

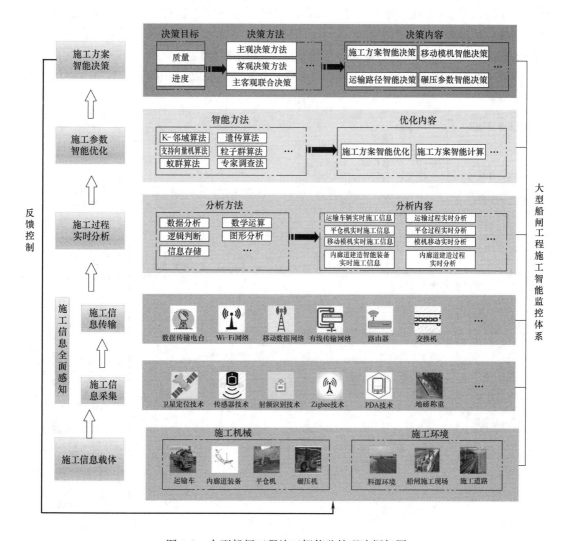

图 4-2　大型船闸工程施工智能监控理论框架图

制；另一方面，利用智能分析方法对船闸工程施工规律进行学习、记忆和探索，如采用K-邻域算法、支持向量机等学习算法和遗传算法、蚁群算法、粒子群算法等智能算法，对施工方案、加水方案、运输路径方案和压实质量等进行智能分析和优化，使得船闸工程施工智能监控理论不断完善，更好地实现施工方案智能决策和执行，如船闸工程施工控制。

4.3.2 大型船闸工程智能监测信息源分析

在物联网、云计算、无线通信网络和人工智能等新兴信息技术的应用背景下，大型船闸工程施工中一切可以被标识的有形实体或无形虚拟事物均可以看作信息源。大型船闸工程施工中的信息源包括一切可能产生信息的硬件与软件，不仅包括施工中的材料、人员、设备、操作平台等一系列有形实物，还包括施工中的事件、行为、管控系统等无形事物。即贯穿于施工过程中的一切能够生成、存储和发送信息的物理实体（包括人员、机械、原材料等实物）、响应事件（施工工序，参与施工进程的机械、物料、人员调度以及风险应急等事件）和虚拟平台（信息综合平台、BIM 平台、VR 虚拟平台，以及其他存在于虚拟空间中的智慧施工信息存储、加工、传输平台）等的综合体系。

多源信息有不同的分类方式，如图 4-3 所示。从信息资源管理的视角划分，可将大型

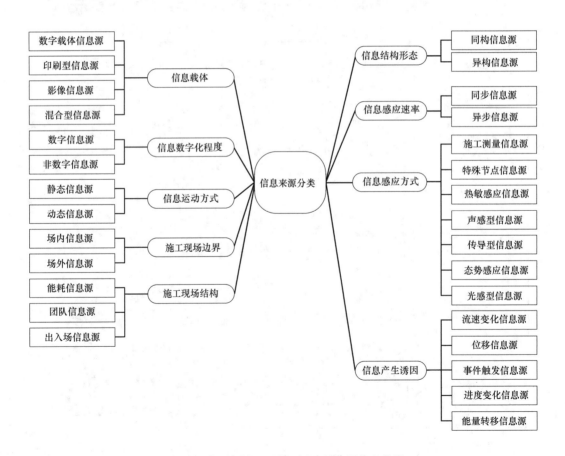

图 4-3 大型船闸工程施工过程的多源信息分类

船闸工程施工中的一切自然物以及有关人员所掌握的概念、经验、知识等称为一次信息源（或初始信息源），而将大型船闸工程施工中被感应且通过特定载体传播的信息称为二次信息源（或感知信息源），例如大型船闸工程施工中的射频识别信息、人员定位信息、能耗监控信息、视频信息以及语音通话信息等，均是借助现代信息技术对初始信息源进行识别和加工后的产物；将施工基于一次信息源和二次信息源而高度深化后的信息源称为三次信息源（或再生信息源），主要包括大型船闸工程施工专家库、知识库以及决策支持系统等。

在大型船闸工程施工中，参与事件触发的一系列资源、人力、设备等构成了智慧施工过程中最原始的信息源。按事件触发方式，可从事件诱因、感应方式和响应时序视角来划分大型船闸施工中的信息源。以事件诱因可分为：流速变化、流量变化、位移、进度变化、能量转移、力学传导、光学传导和声学传导等信息源。以事件感应方式可分为：气敏感应、光敏感应、声音感应、红外感应、热敏感应、态势变化等信息源。以触发事件的响应时序可分为：前导信息源、即时信息源和滞后信息源，比如施工中的预警系统就是前导信息源；施工过程中的人物活动、响应事件和数据记录是主要的即时信息源；滞后信息源是指对大型船闸施工中的前导事件或即时事件进行总结或深化后反映已发生事件的一切信息记录、专利或知识成果等。

此外，结合大型船闸工程施工管理的不同内涵，可将智慧施工信息源分为成本信息源、进度信息源、质量信息源和安全信息源等。依据工程施工中的全产业链控制视角，可将大型船闸施工信息源分为施工上游物料供给信息源、施工过程信息源和施工产品信息源。按照施工过程中的区域和空间场域划分，可将大型船闸施工信息源划分为施工场内信息源、施工场外信息源，或按特定分区与空间分布加以区分的其他信息源等。按大型船闸施工中的参与主体形态，可将其中的信息源划分为有形信息源和无形信息源。根据"勘探测量—规划设计—施工"建造流程，还可将大型船闸施工中的信息源按照不同的阶段进行划分，例如，大型船闸施工项目勘探测量中有关地形地表影像信息识别的无人机、卫星、激光量测仪器或 GIS 虚拟平台等的勘测信息源。

大型船闸工程施工的多源信息具有复杂联系性，大量的智慧施工信息源不仅存在于智慧施工的物理空间中，也存在于智慧施工进度变化的每个环节，并且形成了一个交互关联的复杂体系（图 4-4）。

大型船闸施工中的信息源具有一定程度的不确定性，主要表现在：①大型船闸施工过程中的"人、机、料、法、环、测"等一切与施工有关的实体均具有很强的动态性，并且这些实体在大型船闸施工中的物理分布较为复杂，因而对应信息源的物理分布也具有很大的不确定性；②在大型船闸施工过程中，某一信息源所依赖的技术不仅可对施工生产中的其他有形实体进行事实记录，还可以对其中的有形或无形事件响应方式、运动状态和载体形态等进行描述，因而其中的信息源所产生的信息内容是多元的。

大型船闸施工的多源信息关联对象"类"分为人、机、料、法、环、测六个要素，这六个要素构成了施工实践与管理职能发挥中一切计划、组织、协同、控制甚至是大型船闸工程施工技术创新的关键要素来源，同时，这六个要素也是大型船闸施工多源信息关联中的核心"类"构成。"人"包括一切参与大型船闸施工工程项目的施工主体、督导机构与社会团体中的人员要素；"机"包括大型船闸施工中使用到的一切机械设备；"料"包括大

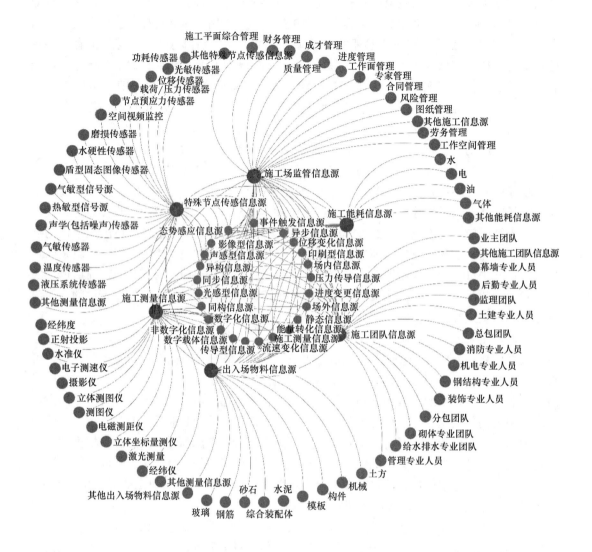

图 4-4　大型船闸工程多源信息复杂交互关系

型船闸施工达成过程中所依赖的一切物料；"法"指大型船闸施工过程中的一切工艺、管理策略与操作方法；"环"指大型船闸施工中的各种自然或人造环境；"测"指贯穿于大型船闸施工过程中的一切勘探、监测工具与方法，是通过应用特定勘查、监测设备对智慧施工项目进行前期勘查、施工过程测量与后期监控行为的综合。

　　由于多源信息的耦合性强，在大型船闸施工中需对多源信息进行梳理，分析其内部逻辑性及多源信息关联关系。例如，在大型船闸施工过程中，由于施工时空的密闭性，施工资源入口端与出口端的管理是统一的。其中，大型船闸施工资源入口端主要控制进入智慧施工现场的人、机、料资源流入，出口端则与其相反。按照上述施工多源信息"类"划分，分析大型船闸工程施工资源出入口端的多源信息关联如图 4-5 所示。

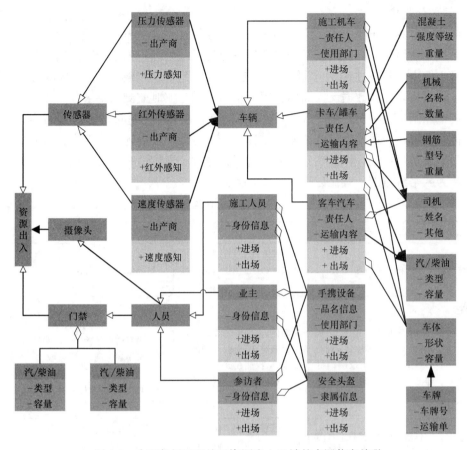

图 4-5　大型船闸工程施工资源出入口端的多源信息关联

4.4　智能移动模机的实时应力监测

4.4.1　应力监测方法

1. 应力监测方法分类

应力监测从宏观角度可分为三类：有线监测、无线监测和云平台监测。

1）有线监测

根据监测方案，布置应力、应变测量仪器并连接至数据采集仪器，对仪器显示的数据进行现场记录与处理。有线监测的操作与实施最为简单，但该方法受设备线长等因素的制约，无法实现实时监控。

2）无线监测

根据监测方案，布置应力、应变测量仪器并连接至无线发射设备，现场通过计算机接收信号，运用专业数据处理软件对数据进行记录与处理。无线监测的操作与实施较为简单，数据采集不受设备长度等现场因素的制约，但该方法由于监测设备硬件的局限性，导致信号不强，仅能在施工现场一定范围内进行监测，并且数据反馈周期较长。

3）云平台监测

根据监测方案，布置应力、应变测量仪器并连接至专业数据收集设备及专业 DTU 无线发射设备，使用计算机网络云平台对数据进行记录与处理。云平台监测的操作与实施虽相对繁琐，但由于其通过 SIM 卡进行信号传输，信号强度能得到保障，数据可在全国任意地点进行收集，并且数据反馈周期较短，基本可满足实时监测的要求。

以灵璧船闸工程为例，闸室墙全长 240m，净宽 23m，闸室边墙顶高程为 24.4m，总体呈对称式布置，横截面为坞式截面，结构复杂，需要在关键施工节点进行实时监测。结合船闸闸室墙实际情况，将上述三种方法进行先进性、适用性和经济合理性的对比，得出最优方案为云平台监测。对比过程如表 4-1 所示。

应力监测方案比选 表 4-1

比选标准	方案一：有线监测	方案二：无线监测	方案三：云平台监测	比选结果
先进性	普通的监测方法	对比有线监测，摆脱了传输线及布线的困扰，技术相对先进	目前最为先进的技术	方案三优
适用性	该技术最先出现，已较为成熟，但由于传输线限制，一般适用于较小范围内的监测，且难以实现实时监测	该技术相对有线传输较为简便，不受传输线和现场因素限制，但受软件和硬件的限制，仅能在施工现场一定范围内进行监测，且数据反馈时间较长	操作水平及实施方法较为复杂，但由于采用 GPRS 技术进行信号传输，其信号强度可得到保证，数据接收点可选范围极大且数据反馈及时，基本可满足实时监测的需要	方案三优
经济性	仪器费用低，但是消耗劳动力大，人工费用高	仪器费用相对有线监测稍高，且仍需要专业人员在现场，人工费用较高	仪器费用最高，因人员可在任何地方监测，故人工费用最低	方案三优

2. 应力、应变测量方法

具体的测量方法可分为：电阻应变片法、钢弦式应变计法和光纤光栅技术。

1）电阻应变片法

电阻应变片法（图 4-6a）是通过电阻应变计和一定的电桥电路，实现以应力、应变、电阻变化、电信号变化过程来获取所测点应力、应变的检测技术。其基本原理是金属导体电阻应变效应，即金属导体在承受应变时，其电阻值将相应发生变化。该方法的优点是：①应变片的大小有各种规格，对于匀质材料且应力梯度很大的结构部位，可以用尺寸很小的应变片来测量某一点的应变；而对于非匀质材料，可以用尺寸较大的应变片来测量结构某一部位的平均应变。②电阻应变片的动态响应性能好，能测量出变化很快的应变。缺点是测量结果受导线连接处的接触电阻变化的影响，长时间测量会产生零点漂移现象等。因此，电阻应变片法适用于短时间的静力或动力试验，不适用于长期监测。

2）钢弦式应变计法

钢弦式应变计法（图 4-6b）是利用弦振频率与弦张力的变化关系来测量应变计布置点的应变。测量时把一根钢弦张拉在两块安装块之间，安装块焊接在待测钢件表面。表面的变形（如应变变化）导致两个安装块相对运动，从而引起钢弦张力改变。用紧靠钢弦的电磁线圈激振钢弦并测出其自振频率，然后测出张力。该方法的优点是稳定性好，测量结果不受接触电阻变化、导线长度的影响。缺点是：①振弦式应变计的尺寸不能做得很小，对应力梯度大的部位难以测出某一点的应变。②目前还不能测量变化很快的应变。因此，钢弦式应变计法适用于静态应变或应变变化较慢的长期监测。

根据测量位置不同，钢弦式应变计可分为埋入式应变计和表面式应变计。埋入式应变计埋设在混凝土结构中，适用于长期应变监测。表面式应变计主要用于结构表面，如果采用胶粘方式，仅适用于短期监测；但如果采用焊接方式，则适用于长期监测。

3）光纤光栅技术

通过对光纤内部写入的光栅反射的布拉格波长光谱的检测，实现对被测结构的应变和温度的测量。其原理为，由于外界因素（温度、压力等）对光纤的作用，引起光波特征参量（振幅、相位、频率等）发生变化，只要掌握这些参量随外界因素的变化关系，就可以测出对应物理量（温度、压力）的变化。光纤光栅技术（图4-6c）的优点是可靠性好，抗干扰性强，适合恶劣环境，寿命长，动态响应特性好，能测量变化很快的动态应变，抗电磁干扰能力强，且信号衰减小，可实现远距离监测。缺点是所用设备价格较高，目前尚不能完全替代电阻应变片和钢弦式应变计。

(a) 电阻应变片法　　　　　　(b) 钢弦式应变计法　　　　　　(c) 光纤光栅技术

图4-6　应力、应变测量方法

4.4.2　智慧云监测系统

1. 云计算与工程智慧云监测平台

关于云计算的定义，不同文献的表述不尽相同，Ian Foster[73] 将云计算定义为"是由规模经济拖动，为互联网上的外部用户提供一组抽象的、虚拟化的、动态可扩展的、可管理的计算资源能力、储存能力、平台和服务的一种大规模分布式计算的聚合体"。《A Berkeley View of Cloud Computing》[74] 将云与云计算解释为：云计算包括互联网上各种服务形式的应用以及这些服务所依托数据中心的软硬件设施，这些应用服务一直被称作软件即服务，而数据中心的软硬件设置就是所谓的云。国内较有代表性的定义是刘鹏教授[75] 的观点，他将云计算定义为"将计算任务分布在大量计算机构成的资源池上，使各种应用系统能够根据需要获取计算力、存储空间和各种软件服务"。

结合上述定义与解释可以得出结论，云计算是一种虚拟化的技术服务，用于满足用户的运算、储存等多种需求。云平台是以云计算为依托，基于硬件资源和软件资源的一种提供计算、存储等功能的服务，云平台的出现实现了网络结构从"Client/Server"向"Browser/Server"的转变。

工程智慧云监测平台是结合力学、建筑学等学科开发的一种工程服务平台，可分为三个层面：数据采集层、数据处理储存层和用户终端层。平台主要运用 TPC/IP、UDP 协议进行数据通信，通过 WebService、WebSocket 等接口与 APP 和 PC 连接。平台可以实现对建筑结构的实时监测，为施工安全提供强有力的保障。

2. 智慧云监测平台设备与系统组成

智慧云监测平台的运作需要多种设备和系统的协调配合，包括传感器、数据采集与收发设备、云监测平台和用户终端，以及指定的信号传输协议。如图 4-7 所示。

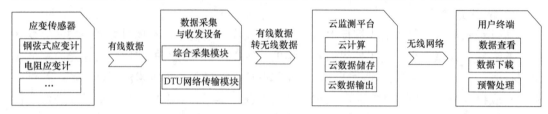

图 4-7　智慧云监测平台设备与系统组成

1）传感器

智慧云监测平台中常用的传感器包括应变传感器、位移传感器、沉降与挠度传感器等。

（1）应变传感器

建筑工程中常用的应变传感器（图 4-8a）有电阻应变计和钢弦式应变计两种，电阻应变计是基于变形与电阻、电信号的转换来测量结构的内力与变化，一般用于短期的建筑结构应变的测量；钢弦式应变计是基于变形与钢弦张力的转化来测量结构的内力与变化，一般用于长期的建筑结构监测。

（2）位移传感器

针对建筑工程的需要，位移传感器（图 4-8b）可分为通用位移计、测缝位移计、支模位移计等多种类别。大多数位移计是基于探针或探杆的伸缩变化量来测量结构的位移变化。

（3）沉降与挠度传感器

根据测量原理的不同，沉降与挠度传感器（图 4-8c）可分为探针式沉降挠度计、静力式沉降挠度计、激光式沉降挠度计等，其工作原理分别为基于探针的伸缩变化、所受静力的大小和激光测得变形量。

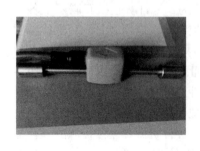

(a) 应变传感器　　　　　　　(b) 位移传感器　　　　　　(c) 沉降与挠度传感器

图 4-8　常用传感器

2）数据采集与收发设备

数据采集与收发设备（图4-9）包括综合采集模块和DTU网络传输模块。

（1）综合采集模块

综合采集模块是一种多通道的集线采集设备，可以接入智能钢弦式应变计、电感调频及半导体温度传感器等设备，同时可实现自动巡检，并储存上万组数据。

（2）DTU网络传输模块

将DTU网络传输模块与综合采集模块进行连接，利用CMNET网络可达到远程传输信号的目的。

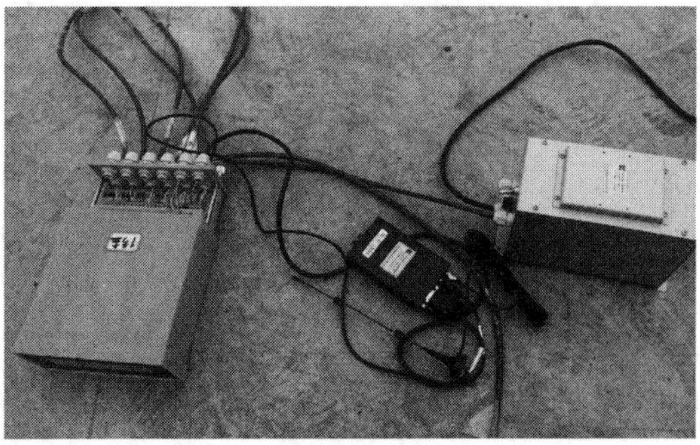

图4-9　数据采集与收发设备

3）云监测平台

云监测平台是基于物联网、大数据和云计算技术，可对土木工程结构进行实时监测的虚拟服务平台。平台兼容不同类型、不同型号的硬件设备接入，设备通过物联网接入云平台，采用安全的多种协议和传输方式传输数据，最终对采集的大规模监测数据进行计算、存储、过滤、分析和统计。云监测平台为用户提供可自定义的数据呈现，对结构物进行实时监测和分析，出具专业的评估报告。同时，云监测平台具备灵活的告警规则配置，在结构物出现故障时可实时提供与之匹配的详细故障信息及供参考的解决方案，满足用户的管理需求。

4）用户终端

采集信息与数据经过云平台处理后，发送到用户终端，用户可通过手机或计算机下载查看。

5）信号传输

传感器的常用传输协议以RS232和RS485为主。传感器数据在进行无线传输时，需要将RS232/485/422转换为GPRS数据。该类数据转换一般由转换器（又称无线数据传终端、工业无线网卡、工业手机、GPRS调制解调器）来实现。

3. 云监测平台功能与界面

云监测平台基于物联网、大数据和云计算技术，具有项目创建、监测与告警、数据与报表、评估报告、预警设置等功能。船闸工程云监测平台功能如图4-10所示。

1）项目创建

根据项目概况、设计方案与监测方案，对新建项目进行地图定位，并录入基础信息、结构图纸及测点位置。

将监测设备成功连接后，可以检测设备连接情况，通过设备关系模块可以清楚地观察到DTU、数据采集模块、传感器的工作状态。云监测平台项目设备关系如图4-11所示。

2）监测与告警

基于建立的项目，可对项目中的测点、测点中的设备和所有的告警消息进行可视化监测。云监测平台项目监测示例见图4-12。

3）数据与报表

在云监测平台系统中可录入数据公式，配置模块采集频率、采集间隔以及重试次数；用户终端可对数据进行收集与下载。云监测平台项目采集策略设置如图4-13所示。

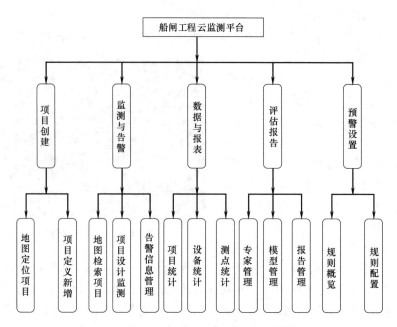

图 4-10　云监测平台功能示意

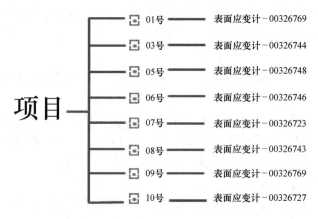

图 4-11　云监测平台项目设备关系示意

4）评估报告

结合平台中的大批量监测数据和专家库中所提供的计算模型，云监测平台可对项目结构进行智能化分析，最终出具有价值的评估报告。

5）预警设置

根据结构材性等指标对项目测点进行预警规则的定义和配置，为项目的实时监测提供保障。云监测平台项目告警设置如图 4-14 所示。

4.4.3　智能移动模机应力云监测

本节结合智能移动模机的结构形式及施工部署，对智慧云监测系统与智能移动模机的结合进行阐述。

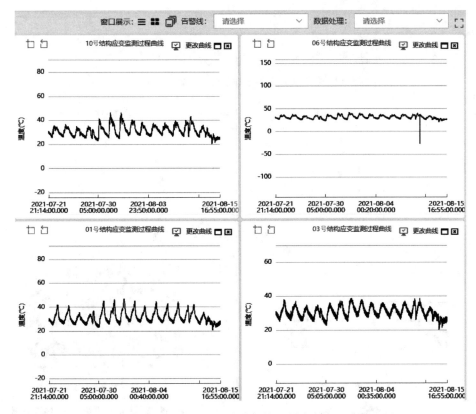

图 4-12　云监测平台项目监测示例

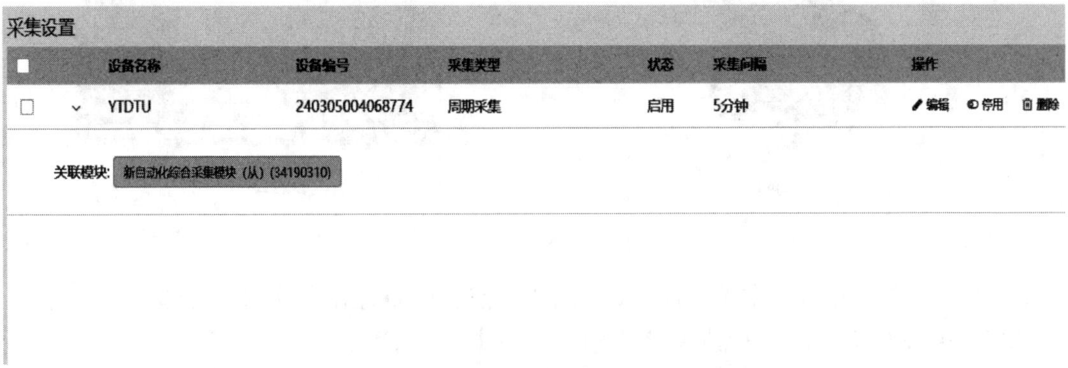

采集设置						
□	设备名称	设备编号	采集类型	状态	采集间隔	操作
□　∨	YTDTU	240305004068774	周期采集	启用	5分钟	✎ 编辑　⊘ 停用　🗑 删除

关联模块：新自动化综合采集模块（从）(34190310)

图 4-13　云监测平台项目采集策略设置

1. 测试仪器

本项目采用云监测方法开展监测工作，所用仪器及系统包括：应变传感器（图 4-15a）、数据无线采集与收发设备（图 4-15b）、综合测试仪（图 4-15c）、智慧云监测平台（图 4-15d）等。

2. 测点布置

优化后的移动龙门架钢结构上共布置了 8 个应力及变形测点，如图 4-16 所示。

通过 MIDAS/Gen 有限元软件，分析计算出应力较大的构件主要分布在侧框架平面

设置预警值 ✕

全选

☑ 01#
☑ 03#
☑ 05#
☑ 06#
☑ 07#
☑ 08#
☑ 09#
☑ 10#

阈值告警　　趋势告警　　突变告警　　关联告警

通过设定测点数据的阈值，实现测点数据超过设定阈值后报警。

从告警开始，连续 　4　 次测量数据中，有 　4　 次告警记录，则推送告警消息

报警下限 　-20　 报警上限 　20

预警下限 　-10　 预警上限 　10

图 4-14　云监测平台项目告警设置

(a) 应变传感器

(b) 数据无线采集与收发设备

(c) 综合测试仪

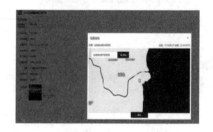

(d) 智慧云监测平台

图 4-15　监测仪器及系统

内、主框架斜撑及中柱与主梁的连接处，所以测点主要布置在中柱内壁上部（A 点）、主框架斜撑中心处（B 点）和侧框架上部斜撑中心处（C 点）。

移动龙门架的变形测点根据有限元计算结果及现场施工情况进行布置，在移动龙门架钢结构上变形最不利位置（主梁、主梁两端及主框架桁架）布置传感器，主要布置在顶部斜撑（D 点）、顶部短柱（E 点）和主框架桁架上弦杆中点处（F 点）。对施工全过程的不同工况分别进行观察测量，实时监控施工全过程中各构件的挠度变形值是否在预警值的范围之内，以确保施工安全。最后，针对移动龙门架行走时的特殊工况，在中柱侧壁（G 点）及角柱侧壁下部（H 点）布置测点。

3. 施工监控应力预警值

当智能移动模机各构件监测应力与理论计算应力的差别达到 30MPa 以上时进行预警。

图 4-16 测点布置

4.5 基于可视化需求分析的大型船闸施工安全监测

参考事故致因理论的瑟利模型，结合大型船闸施工安全管理实际，构建了大型船闸施工安全管理工作过程可视化需求定性判别模型。通过此模型，可以确定在安全风险分析与评价、安全预警与控制、安全隐患管理、应急响应与管理四个流程中，哪些工作过程具有可视化管理的需求。

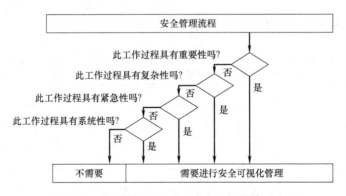

图 4-17 大型船闸工程施工安全可视化管理流程

大型船闸工程施工安全可视化需求判别的依据主要为重要性、复杂性、紧急性、系统性（图 4-17）。将以上四项依据作为自变量，通过管理专家打分的方式，得出四项自变量的数值。根据最终安全可视化管理需求指数计算的实际需要，将复杂性、紧急性、系统性三项依据的评判等级划分为"无""微弱""基本具备""具备""完全具备"五个等级，参考以往研究成果并查阅相关资料，将五个等级赋值 0.1、0.2、0.3、0.4、0.5。将重要性依据的评价等级划分为"不重要""不太重要""一般""较重要""很重要"五个等级，参考以往研究成果并查阅相关资料，将五个等级赋值 0.5、0.75、1、1.25、1.5。

首先将四个依据进行分类。按照各个依据间的相关性，将四个依据分为两类：重要性、复杂性、紧急性一般共同应用于评价某个工作过程的可视化程度，将其分为一类；系统性有别于重要性、复杂性与紧急性，更加强调空间与时间的整体性，将其单独作为一类。对于第一类（重要性、复杂性、紧急性），重要性主要发挥乘数效应，对具有复杂性、紧急性的工作过程进行再次权衡。基于以上分析，得出内河大型船闸施工安全可视化管理需求指数 D_n 的计算式为：

$$D_n = I_n \times (C_n + U_n) + S_n \tag{4-1}$$

式中，D_n（Demand Index）表示需求指数；I_n（Importance）表示重要性；C_n（Complexity）表示复杂性；U_n（Urgency）表示紧急性；S_n（Systematism）表示系统性。

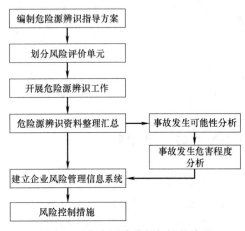

图 4-18　安全风险分析与评价流程

I_n 的取值范围为 $0.5 \sim 1.5$，C_n、U_n、S_n 的取值范围均为 $0.1 \sim 0.5$，根据式（4-1）可得需求指数 D_n 的取值范围为 $0 \sim 2$，数值越大，代表此安全管理工作过程对于可视化的需求越强烈。取需求指数大于或等于 1 的工作过程作为需要进行可视化的工作过程，并进行可视化内容的分析。

安全风险分析与评价是大型船闸施工安全管理的首要基础性工作，其实施流程如图 4-18 所示。

在安全风险分析与评价的基础上，进一步运用工作过程可视化需求判别模型，对此流程中的工作过程进行分析，并计算各个工作过程的可视化需求指数，如表 4-2 所示。

可视化需求　　　　　　　　　　　　　　　　　　　　　　　表 4-2

可视化需求	D_n	是否可视化	可视化内容	可视化作用
编制危险源辨识指导方案	0.325	否	—	—
划分风险评价单元	0.725	否	—	—
开展危险源辨识工作	0.6	否	—	—
危险源辨识资料整理汇总	0.6	否	—	—
事故发生可能性分析	0.725	否	—	—
事故发生危害程度分析	1.6	是	危险源位置；危险源影响范围；	危险源精准管理
建立企业风险管理信息系统	1.6	是	安全风险可视化平台	危险源实时监控
风险控制措施	1.3	是	重大危险源和一般危险源区分；应急措施位置	根据发生事故概率、危险源等级等管理风险并采取必要措施

根据大型船闸施工安全可视化需求分析可知，应对船闸施工中的重大危险源位置、危

险源影响范围以及应急措施加强可视化，同时有必要搭建安全风险可视化平台，对船闸施工的危险源进行实时监控。

4.6　工程应用

合肥市派河口船闸为Ⅱ级船闸，船闸轴线近东西向，布置于现状派河主河槽内，环湖大道派河大桥已建成，船闸中心线与大桥的航道中心线相一致。船闸有效尺度为 280m×23m×5.2m（长×宽×门槛水深），该尺度能满足 2000t 级货船四排一列一次过闸通行。主要工程包括：船闸主体工程，船闸上、下游导航墙，靠船墩及引航道工程。上、下闸首参与派河枢纽防洪，为 1 级建筑物；闸室为 2 级建筑物；导航、靠船建筑物级别为 3 级。船闸效果图见图 4-19。

图 4-19　派河口船闸

4.6.1　派河口移动模机的实时应力监测

1. 智慧云监测系统的现场应用情况

1）系统设备现场安装情况

本项目共使用 18 个钢弦式应变计及 1 个综合采集模块。为了不妨碍现场施工，所有传感器采用藏线式安装并连接到综合采集模块，综合采集模块与 DTU 网络传输模块及移动电源连接后，安置在操作室位置，同时对传感器连接线处进行防水处理。综合考虑现场施工因素，本项目中的传感器及相应金属保护外壳采用点焊的方式与钢结构连接。监测系统现场安装情况如图 4-20 所示。

2）系统设备现场使用情况

智慧云监测系统从移动模机拼装完毕后开始使用，一直到闸室墙施工完成后截止。云监测平台显示界面如图 4-21 所示。在整个施工过程中，以监测数据为依据，秉承及时发现问题及时处理的原则，为施工提供指导。

2. 不同工况模拟结果分析

1）模机自重

(a) 中间桁架应变计

(b) 斜撑应变计

(c) 斜撑及立柱应变计

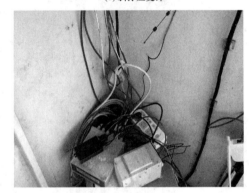

(d) 采集模块

图 4-20　智慧云监测系统现场安装情况

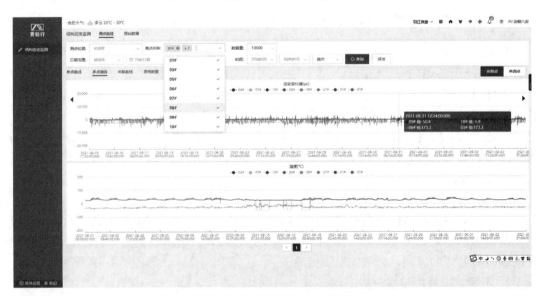

图 4-21　云监测平台显示界面

在实际工程中，首先进行行走系统及钢结构骨架系统的拼装计算。对于该工况下的移动模机自重，计算过程中应考虑钢结构自重，工艺性荷载及楼梯、平台、通道、设备、人员等荷载。在建模过程中，对结构重量 $G=1429\text{kN}$ 进行放大，取放大系数为 1.1，则：

$$F_Z=1.1\times G=1.1\times1429=1572\ (\text{kN})$$

然后进行悬吊系统及大型钢模系统的安装，并考虑 8 根吊车梁重量以及 4 台 32t 电动葫芦设备与 4 台 40t 电动葫芦设备重量，即施工工况 1。当移动模机静止时，根据移动模机支座反力，得到 8 根吊车梁总重量为 $F=145\text{kN}$，单根吊梁重量为 $F'=F/4=18\text{kN}$。根据《起重机设计规范》GB/T 3811—2008[76]，电机自重为 1~1.5t，取平均值，则单个电机自重为 $G_{\text{Motor}}=12.5\text{kN}$。根据现场内模板（30t，$F_1=150\text{kN}$）及外模板（40t，$F_2=200\text{kN}$）重量，将吊车梁、电机重量及模板自重累加，以节点荷载的形式分别施加在 3 根主梁上，即：

32t 吊车梁上节点荷载

$$F_{32\text{t}}=\frac{F'+F_{\text{Motor}}+F_1}{2}=\frac{18+12.5+75}{2}=52.8\ (\text{kN})$$

40t 吊车梁上节点荷载

$$F_{40\text{t}}=\frac{F'+F_{\text{Motor}}+F_2}{2}=\frac{18+12.5+100}{2}=65.3\ (\text{kN})$$

此时，支座反力 $G_{12}=2517\text{kN}$。

2）模板吊装

根据《起重机设计规范》GB/T 3811—2008[76]，当电动葫芦工作，模板提升地面时，将对移动模机中的钢结构主体结构产生振动激励，即施工工况 2。移动模机自身质量受到模板起升冲击而出现动力响应，本节采用起升冲击系数 $\varPhi_1$[75] 乘以移动模机自重得到的重力来考虑其影响，取 $\varPhi_1=1.25$，则：

$$F_\varPhi=G_{1.2}\times1.25=2517\times1.25=3146\ (\text{kN})$$

3）模机移动

移动模机在移动过程中将经历静摩擦、匀加速、匀速、匀减速四个移动过程，由于主体结构为钢结构，且移动速度及运动加速度在很小的范围内波动，故采用结构力学中底部剪力法来进行考虑，即施工工况 3。此时，移动模机处于移动状态，自身重力同工况 1，由结构力学知识，取一半结构体进行分析，对称结构体重力为：$G_{12\text{half}}=2517/2=1258.5$（kN）。因匀速移动状态同静力工况，不另作分析。此时，假设移动模机加速状态和减速状态相同，根据智能移动模机加工方案，可知平均速度 $V=3\text{m/min}=0.05\text{m/s}$，由运动学公式 $P=FV$ 可知：

$$F=4P/V=(4\times6.3\times10^3)/0.05=504\ (\text{kN})$$

故 $\qquad\qquad a=F/M=504\times10^3/(251.7\times10^3)=2\ (\text{m/s}^2)$

且因轨道材质为灰铸铁，车轮材质为高锰钢，在无润滑的工况下，查摩擦系数表[75]可知，$\mu_1=0.2\sim0.3$（静摩擦）或 $\mu_2=0.16\sim0.18$（动摩擦），移动模机重心取主梁平面高度 $h=19198\text{mm}$，再对结构进行静力学分析，加速状态受力分析见图 4-22，制动状态受力分析见图 4-23。

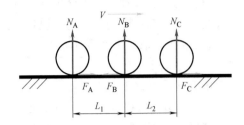

图 4-22　加速状态受力分析

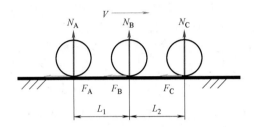

图 4-23　制动状态受力分析

$$N_A + N_B + N_C = Mg$$
$$F_A + F_C - F_B = Ma$$
$$(F_A + F_C - F) \times h - N_A \times L_1 + N_C \times L_2 = 0$$

解上述方程得：

$$N_A = [Ma \times h + (Mg - N_B) \times L_2] / (L_1 + L_2)$$
$$N_C = [(Mg - N_B) \times L_1 - Ma \times h] / (L_1 + L_2)$$

根据施工图纸可知 $L_1 = L_2$，将已知数据代入 N_A、N_C。

$$Ma - F_A - F_B - F_C = 0$$
$$N_A + N_B + N_C = Mg$$
$$N_C \times (L_1 + L_2) + N_B \times L_1 - Mg \times L_1 - Q \times h = 0$$
$$Q = Ma$$

其中 $F = \mu N$，解得：

$$a = \mu_1 g + (\mu_2 - \mu_1) \times N_B / M$$
$$N_A = \{(L_2 - h \times \mu_1) \times Mg - [L_2 + h \times (\mu_2 - \mu_1)] \times N_B\} / (L_1 + L_2)$$
$$N_C = \{(\mu_1 \times h + L_1) \times Mg - [h \times (\mu_2 - \mu_1) - L_1] \times N_B\} / (L_1 + L_2)$$

为防止移动模机在行走过程中出现倾覆危险工况，在结构上要对重心加以限制，运动因素上要对加速度加以限制。即 $N_A > 0$，$N_B > 0$。则 a，h 应满足以下条件：

$$h \leqslant [L_1 \times (N_B - Mg)] / (a \times M)$$
$$a \leqslant [L_1 \times (N_B - Mg)] / (h \times M)$$

待加速度 a 和重心高度 h 确定后，采用底部剪力法计算层间荷载。因整体结构并不包含板单元，故对重力要进行折减处理，计算结构等效总重力荷载代表值：$G_{eq} = 0.85 \times G = 0.85 \times 2517 = 2139$（kN），对水平地震影响系数 $\alpha_1 = \left(\dfrac{T_g}{T}\right)^\gamma \eta_2 \alpha_{\max}$ 的考虑均归结于加速度 a，则结构总的水平荷载作用标准值 $F_{EK} = ma = 2013.9 \times 2 = 427.9$（kN）。对结构重力取三层，每层重力之比为 $G_1 : G_2 : G_3 = 2 : 1 : 5$。根据下式计算每层水平荷载作用标准值：

$$F_i = \frac{H_i G_i}{\sum\limits_{k=1}^{n} H_k G_k} F_{EK} (1 - \delta_n)$$

可得第一层水平荷载作用标准值 $F_1 = 44.12\text{N}$，第二层水平荷载作用标准值 $F_2 = 45.96\text{N}$，第三层水平荷载作用标准值 $F_3 = 337.82\text{N}$。则各层的层间剪力为：$V_1 = F_1 + F_2 + F_3 =$

427.89（N），$V_2 = F_2 + F_3 = 383.78$（N），$V_3 = F_3 = 337.82$（N）。移动工况下荷载如图 4-24 所示。

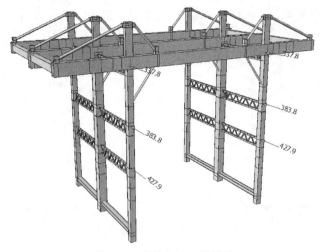

图 4-24　模机移动工况荷载

特别地，当移动模机在不平轨道面上运行时将产生一定的冲击荷载。

当负荷或者空载的移动模机运行于具有一定弹性特性的轨道面时，电机加速带动车轮加速将导致动力效应，效应的大小取决于移动模机的结构布置（移动模机质量分布、悬挂方式和支撑方式）、运行速度和车轮直径。对于此类工况下的轨道接头的移动模机发生的冲击荷载，采用系数 Φ_4 乘以移动模机的总荷载质量产生的重力来计算。根据相关规范规定 $h_{max} \leqslant 10mm$，取 $h_{max} = 10mm$，则由 $\Phi_4 = 1.1 + 0.058 V_y \sqrt{h}$ 得：

$$\Phi_4 = 1.1 + 0.058 \times 0.05 \times \sqrt{10} \approx 1.11$$

考虑冲击荷载时移动模机自重为：

$$F_{冲击自重} = \Phi_4 \times G_{1.2} = 1.11 \times 2517 = 2594 \text{（kN）}$$

此外，当模板突然从静止变为上升，即模板突然被提升，或者当模板突然从下降到静止，即在下降过程中突然在空中制动，所提升模板的惯性力将对移动模机的承载结构和传动机构产生附加的动荷载作用，此作用即为起升动荷载，用起升动荷载系数 Φ_2 乘以起升荷载 P_Q 来考虑。因起重机存在不同的操作平稳程度和动力特性，可将起升状态划分为 HC1～HC4 四个级别[75]，将移动模机视为 HC3 级别，得：$\beta_2 = 0.6$，$\Phi_{2min} = 1.10$，$\Phi_{2max} = 1.9$。因移动模机一般起吊速度 $V_q = 3.5 \sim 8m/min = 0.0583 \sim 0.13m/s < 0.2m/s$，取 $\Phi_2 = \Phi_{2min} = 1.10$。合模、分模分别为施工工况 4、施工工况 5，其荷载如图 4-25（a）、图 4-25（b）所示，此时，模板重力为：

30t 内模板重力　$G_{30} = \Phi_2 \times M_{30t} g = 1.1 \times 30 \times 10 = 330$（kN）

40t 内模板重力　$G_{40} = \Phi_2 \times M_{40t} g = 1.1 \times 400 \times 10 = 440$（kN）

30t 横梁上节点荷载　$F = 56.57kN$

40t 横梁上节点荷载　$F' = 70.32kN$

4）脱模

在拆模的过程中，由于润滑油质量问题或者施工人员操作不当，内模板及外模板与混

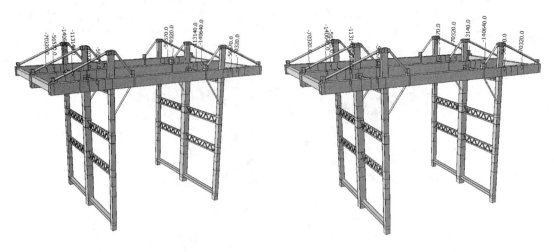

(a) 合模处吊装模板及拆卸模板　　　　　　　　(b) 分模处吊装模板及拆卸模板

图 4-25　合模、分模时荷载

凝土外表面之间将产生极大的摩擦阻力，电动葫芦需要以极大的功率和扭矩去拉动模板，迫使模板与混凝土分离。故考虑移动模机在工作时突然卸除部分有效荷载的影响，这类荷载将对移动模机结构产生振动减载作用，即施工工况 6。此时，减小后的起升荷载用总起升荷载乘以突然部分卸载的冲击系数 Φ_3 来计算。因移动模机为慢速起重机，故 $\beta_3 = 0.5$，由于起重时多为天气干燥环境，取摩擦系数 $\mu = 0.45$。

则突然卸载冲击系数 $\Phi_3 = 1 - \Delta m \times (1 + \beta_3)/m = 1 - \Delta G \times (1 + \beta_3) \times \Phi_3/G$，其中，$\Delta G = \mu mg$，故 $\Phi = \Phi_{3,30t} = \Phi_{3,40t} = 0.29$。则 30t、40t 模板重力分别为：$G_{30} = \Phi_3 M_{30t} g = 87$（kN），$G_{40} = \Phi_3 M_{40t} g = 116$kN。最终吊车梁上节点荷载分别为：$F_{30t} = 26.20$kN，$F'_{40t} = 29.82$kN。此工况下荷载如图 4-26 所示。

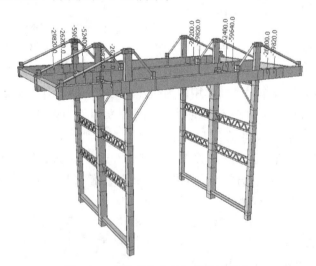

图 4-26　有效荷载突然卸载等效荷载

5）吊车梁移动

在分模和合模过程中，模板运动依靠吊车梁的运动来实现，所以，对于单一跨类的吊车梁，可考虑将其看成双吊车荷载进行计算。若直接用 MIDAS/Gen 软件中移动荷载的吊车荷载进行考虑，由于软件限制，只能计算两辆吊车，不符合实际工况要求。针对此类问题，取 32t、40t 吊车梁运动的极限位置为危险截面，即施工工况 7、施工工况 8，并采用结构力学移动荷载计算方法计算出最危险截面的最大荷载，以节点荷载的形式施加在最危险截面处进行分析（图 4-27）。

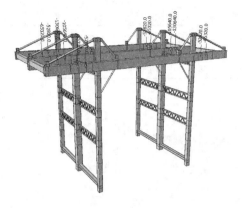 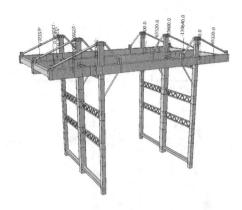

(a) 吊车梁移动至合模处   (b) 吊车梁移动至分模处

图 4-27 吊车梁运动至合模、分模位置等效荷载

3. 计算模型

采用有限元软件 MIDAS/Gen 对智能移动模机进行了施工全过程仿真模拟。模型共有 510 个节点、693 个单元，其中 148 个桁架单元，545 个梁单元；移动模机与地面采用刚接。材料采用 Q345 钢材，结构整体主要由 12 个不同截面的钢构件组成，所有截面钢材厚度均大于 16mm，小于或等于 40mm。模型中考虑恒荷载、施工荷载、移动荷载，其中施工荷载（包括连接件自重，工艺性荷载及楼梯、平台、通道、设备、人员等荷载）取为 0.1G（自重）。移动龙门架各构件之间均采用刚性连接。智能移动模机计算模型如图 4-28 所示。

图 4-28 智能移动模机计算模型

4. 计算模拟结果

不同施工工况下智能移动模机的构件应力最大值见表 4-3。计算结果表明，在安装模板之前，在模机自重的影响下，构件应力较小；当模机进行大模板施工时，构件应力最大值在 ±40MPa 附近变化，较为稳定；构件最大应力出现在施工工况 1，最大应力值为 47.12MPa，位置为中间主框架平面上端两侧短柱中心处，远远小于《钢结构设计标准》GB 50017—2017[26] 中的强度设计值 295MPa。

智能移动模机施工全过程的结构应力分布如图 4-29 所示。其中，正值表示受拉，负值表示受压。

不同施工工况下智能移动模机构件最大应力　　　表 4-3

工况编号	最大应力（MPa）	位置
1	47.12	中间主框架平面上端两侧短柱中心处
2	37.69	中间主框架平面上端两侧短柱中心处
3	37.69	中间主框架平面上端两侧短柱中心处
4	33.87	中柱上端与中主梁连接处
5	35.36	中柱上端与中主梁连接处
6	23.32	中间立柱与主框架下桁架上弦杆连接处
7	37.69	中间主框架平面上端两侧短柱中心处
8	39.49	中柱上端与中主梁连接处和中间主框架平面上端两侧短柱中心处

注：表中正值表示拉应力，负值表示压应力。

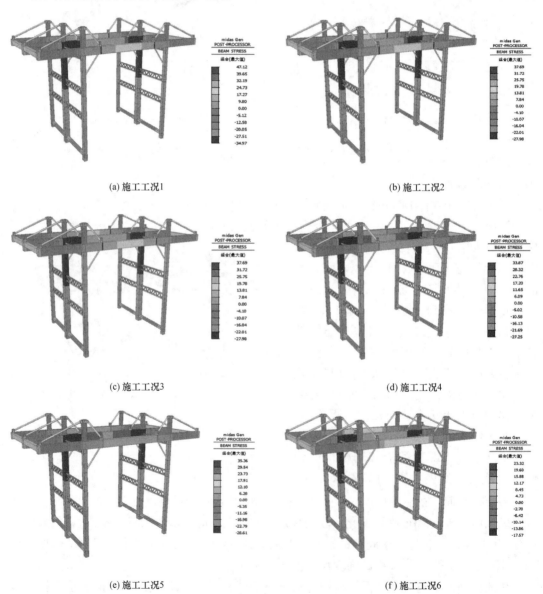

(a) 施工工况1　　　　　　　　　　　　　　(b) 施工工况2

(c) 施工工况3　　　　　　　　　　　　　　(d) 施工工况4

(e) 施工工况5　　　　　　　　　　　　　　(f) 施工工况6

图 4-29　不同施工工况下构件应力分布（单位：MPa）（一）

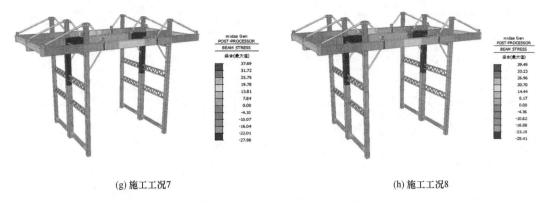

(g) 施工工况7　　　　　　　　　　　　　　　(h) 施工工况8

图 4-29　不同施工工况下构件应力分布（单位：MPa）（二）

5. 监测结果与模拟结果对比

本节根据移动模机各构件的受力特点，选取部分测点进行实测值和计算值的比较。从闸室墙移动模机的所有测点中选取部分应力测点（A 点、B 点、D 点、E 点、G 点、H 点）进行计算值与实测值的对比，并将各截面位置上、下测点最大值作为该截面最大应力，对其进行 8 个施工工况下的对比分析，如图 4-30 所示。从图 4-30 中可以看出，在整个施工阶段，智能移动模机不同特征点的实测值与计算值吻合较好，且最大值约 40N/ mm^2，满足《钢结构设计标准》GB 50017—2017[26] 的限值要求。

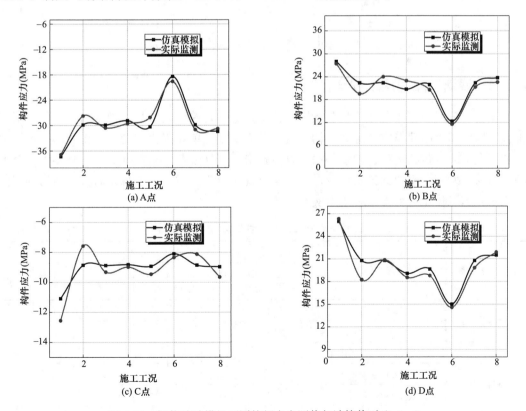

图 4-30　智能移动模机不同特征点实测值与计算值对比（一）

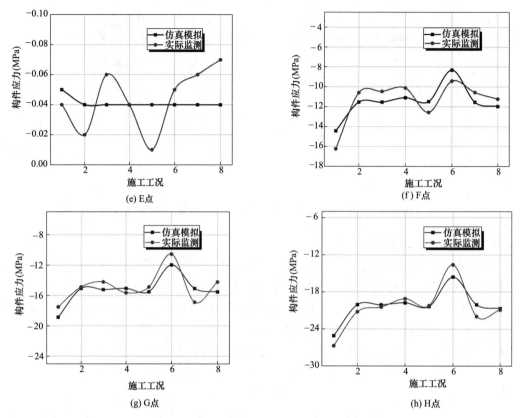

图 4-30 智能移动模机不同特征点实测值与计算值对比（二）

4.6.2 派河口船闸施工安全监测

派河口船闸的主要单元工程包括围堰施工、基坑开挖、地基与基础、闸首工程、闸室工程、导航与靠船建筑物及金属结构安装。首先梳理各单元工程中的施工作业以及容易引发的安全事故（包括坍塌、起重伤害、物体打击、高处坠落、机械伤害、触电等）（表 4-4）；对易引发安全事故的施工作业进行安全可视化分析；对安全可视化需求较高的分部分项工程和施工作业进行安全施工的实时监测。

工程主要施工作业活动及事故类型对照 表 4-4

单元工程名称	施工作业	事故类型								
		坍塌	起重伤害	物体打击	高处坠落	机械伤害	触电	淹溺	车辆伤害	涌水
围堰施工	围堰填筑作业	☑		☑		☑			☑	
	围堰防护作业	☑		0				☑		
基坑开挖	土石方开挖施工作业	☑				☑		☑		☑
	土石方运输施工作业	☑				☑			☑	
	基坑排水施工作业						☑	☑		
	基坑支护施工作业	☑		☑	☑					

续表

单元工程名称	施工作业	事故类型								
		坍塌	起重伤害	物体打击	高处坠落	机械伤害	触电	淹溺	车辆伤害	涌水
地基与基础	混凝土浇筑作业			☑		☑				
闸首工程	模板安拆施工作业	☑		☑	☑					
	钢筋安装施工作业	☑		☑	☑		☑			
	混凝土浇筑施工作业		☑	☑	☑					
	起重吊装施工作业		☑	☑	☑					
	临时用电施工作业				☑		☑			
闸室工程	模板安拆施工作业	☑		☑	☑					
	钢筋安装施工作业	☑		☑	☑		☑			
	混凝土浇筑施工作业		☑	☑	☑					
	起重吊装施工作业		☑	☑	☑					
	临时用电施工作业				☑		☑			
导航与靠船建筑物	脚手架搭设施工作业	☑		☑	☑					
	模板安拆施工作业	☑		☑	☑					
	钢筋安装施工作业	☑		☑	☑		☑			
	混凝土浇筑施工作业		☑	☑	☑					
	临时用电施工作业		☑	☑	☑					
金属结构安装	构件安装起重施工作业		☑	☑	☑					
	构件安装施工作业	☑		☑	☑					
	设备安装调试作业					☑				

根据大型船闸施工安全可视化需求分析，研发了船闸工程施工安全监测平台，并应用于派河口船闸施工过程中，实现整个施工过程的实时监控（图4-31）。以闸室工程为例，

图4-31　大型船闸工程施工安全监测平台

对闸室的模板安拆、钢筋安装、混凝土浇筑、起重吊装和临时用电施工作业进行安全可视化需求分析（表 4-5），其中模板安拆、钢筋安装、混凝土浇筑、起重吊装施工作业的安全可视化需求较高，需要进行实时监测；临时用电施工作业的安全可视化需求较低，无需进行实时监测。

派河口船闸工程可视化需求判别 表 4-5

可视化需求	D_n	是否可视化	可视化内容	可视化作用
模板安拆施工作业	1.8	是	危险源位置；危险源影响范围	危险源精准管理
钢筋安装施工作业	1.6	是	危险源位置；危险源影响范围	危险源实时监控
混凝土浇筑施工作业	1.7	是	重大危险源和一般危险源区分；应急措施位置	根据发生事故概率、危险源等级等管理风险，并采取必要措施
起重吊装施工作业	1.6	是	重大危险源和一般危险源区分；应急措施位置	根据发生事故概率、危险源等级等管理风险，并采取必要措施
临时用电施工作业	0.8	否	—	—

通过船闸工程施工安全监测平台，对派河口船闸施工过程中的安全隐患进行自动预警，如吊装过程中人员是否安全（图 4-32）、闸首模板施工人员的操作是否规范（图 4-33）、浇筑混凝土模板时是否有人员滞留（图 4-34）。

图 4-32　大型船闸工程施工安全监测平台（起吊作业工序）

图 4-33 大型船闸工程施工安全监测平台（钢筋绑扎工序）

图 4-34 大型船闸工程施工安全监测平台（混凝土模板施工工序）

第5章　大型船闸工程的项目管理

大型船闸工程的项目管理是为了完成既定项目目标而实施的策划、设计和施工等一系列活动过程及其结果。在大型船闸工程的项目管理过程中，必须保持各项目管理目标之间的均衡性和合理性。本章介绍大型船闸工程进度管理、质量管理、安全管理和信息化管理等内容。

5.1　进度管理

内河航道的通航，对于企业经营效益和地方经济建设具有重要影响，因此大型船闸项目能否在预定的时间内交付使用，直接关系到投资效益的发挥。大型船闸项目投资大，施工复杂，需要做好施工组织设计、施工准备和施工进度管理。

5.1.1　工程简介

大型船闸工程一般包括闸首、闸室、输水系统、闸门、引航道以及相关配套设备。以某大型船闸为例，工程上、下闸首均采用整体式钢筋混凝土筏式底板，两边墙为空箱式结构，空箱顶面临水侧设置1.2m高的栏杆，顺水流方向长度为31.3m（包括检修门槽），底宽55.0m，底板厚3.0m，门宽23.0m。闸室采用整体式钢筋混凝土U形槽结构，顺水流方向分成15节，靠近闸首的端部闸室长均为15m，中间段每节分缝长度为20m，总长290m，如图5-1所示。

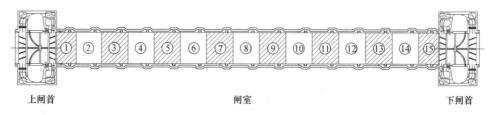

图5-1　大型船闸工程闸首和闸室示意

引航道由导航段、调顺段、停泊段和制动段等组成，其平面布置应保证通航期间过闸船舶、船队的畅通及安全。船闸上、下游引航道在平面上按对称布置。船舶、船队过闸均采用曲线进闸、直线出闸方式，船闸按双向过闸布置导航和靠船建筑物。

根据船闸运行条件，船闸上、下闸首布置具备双向挡水功能的对开式三角闸门作为工作闸门，上、下闸首门高均为11.72m，共4扇。输水系统采用短廊道集中输水，上、下闸首布置具备双向挡水功能的平面定轮钢闸门作为输水阀门，主材采用Q355B，闸门尺寸（宽×高）为4.58m×3.65m，共4扇。上、下闸首布置闸室检修闸门，以满足闸室、工作闸门正常检修要求，检修门采用浮箱叠梁式钢闸门，单节门高1.9m，按检修水位，上、下闸首各布置4节叠梁门。检修闸门通过汽车吊或浮吊等措施临时起吊。

5.1.2 大型船闸工程施工组织设计

为了工程的顺利开展，权责划分明确的组织机构必不可少。根据工程特性，本大型船闸工程的施工组织机构采用直线式组织，以提高指令传递效率，保障组织的高效执行力。如图5-2所示，大型船闸工程的项目经理部设项目经理1名、副经理2名、总工程师1名，下设材料设备部、工程技术部、安全环保部、综合事务部、计划合同部、质检部、财务部七个职能部门以及测量组、试验室和资料室。各职能部/室负责处理项目部的日常工作以及与业主、监理、地方政府和上级单位的联系工作，各施工队、专业生产班组负责现场施工。

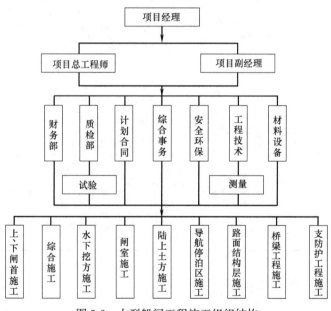

图5-2 大型船闸工程施工组织结构

该船闸工程施工组织机构中，管理人员及主要部门的职责如表5-1所示。施工组织结构中分工明确，权责分明，无职能上的重叠和交叉，保证了组织的工作效率和正常运转。

大型船闸工程施工组织管理人员及主要部门职责　　　　　　　　　　表5-1

序号	岗位	人数	职务	分工
1	项目经理	1	项目经理	负责项目部全面工作,负责本合同段的全面管理
2	项目总工程师	1	技术负责人	负责项目部技术工作,主管合同部、试验室,负责技术、质量和计划的管理

序号	岗位	人数	职务	分工
3	项目副经理	1	副经理	负责船闸主体及相应附属施工管理,分管工程进度、计划、施工、安全、人财物的调配及各部门的协调指挥
4	工程技术部	1	负责人	负责工程进度、生产安排,负责水工结构施工技术方案编制、现场技术指导、测量控制、分析并处理质量问题
		4	技术员	负责现场技术、工序检验
5	质检部	1	负责人	负责工序质量、工序终检及技术管理,参与施工现场管理自评,参加工程交(竣)工验收、质量评定,组织编写施工技术总结
		1	测量员	负责资料收集、整理
6	试验室	1	负责人	负责试验检测、评定,各种原材料的检验,以及施工过程中的现场检测等
		3	试验员	在试验工程师指导下开展试验检测、数据收集、试验资料整理、归档
7	计划合同部	1	负责人	负责合同、计量,分管资料室,负责工程预决算、计划统计、合同变更、工程计量报、竣工结算表等工作
		2	合同、BIM专员、资料	负责合同、计量、BIM、资料等并协助部门负责人,开展安全、文明生产、环境保护工作检查、落实,与交通管理部门共同做好交通疏导等工作
8	安全环保部	1	负责人	负责现场安全检查
		2	专职安全员	兼任环保员,负责工程施工所需材料的采购、供应、储存及机械设备的调配、使用、维修和保养
9	材料设备部	1	负责人	负责材料调查、采购保管、设备租赁、管理结算
		1	材料员	配合部门负责人完成相应工作
10	财务部	1	负责人	负责项目财务工作,进行经济核算、财务管理、费用控制、资金筹集、工资管理
		1	出纳	配合部门负责人完成相应工作
11	综合事务部	1	负责人	负责地方、后勤工作,分管地方协调、后勤保障、职工思想教育、党政建设等

5.1.3 大型船闸工程施工准备

大型船闸工程施工准备是指,在施工前从组织、技术、经济、劳动力、物资等方面保证土建工程施工顺利进行而事先做好的各项工作,包括技术准备、材料准备、机械准备、劳动力准备等。

1)技术准备

(1)熟悉设计施工图纸,明确设计意图;掌握各部位结构物的结构形式及细部尺寸;明确设计图纸对材料和施工工艺的要求。

(2)确定合理施工工序和工艺;组织现场施工技术管理人员及参与该工程施工的各工种人员进行施工技术交底和安全技术交底。

(3)根据各部位结构物的工程量及总体施工进度计划,科学、合理地制订本项目工程的施工进度计划，并根据施工进度计划，科学、合理地制订本项目工程的材料采购计划、机械设备投入计划、劳动力计划，严格按照相关计划组织项目工程的施工及材料、机械设备、劳动力进场。

2）材料准备

根据制订的项目材料采购计划并结合材料储存能力，科学、合理地组织材料进场。材料进场后，应立即组织人员对材料的规格类型、数量、质量及性能进行检查，材料附带的"三证"应齐全，材料未经检查不得使用，材料检查不符合要求不得使用且要立即清除出场。各类材料进场后，根据材料的种类、规格型号及检测情况分类堆放。

3）机械准备

根据本项目工程施工工艺和工程量，拟投入机械设备如表5-2所示。所有工程机械和施工设备进场后，应指派专业技术人员进行检查，确保其使用功能和安全性能满足施工要求。在工程施工过程中，机械操作手应按照机械的操作规程，定期对机械设备进行维护和保养，确保机械始终处于良好状态；对于设备的易损件，材料设备部应采购一部分作为备用，便于及时更换；每次机械设备使用完毕后，应对设备内部进行清理，特别是混凝土搅拌、运输、输送设备，每次施工完毕后必须及时进行清理。

大型船闸工程机械设备投入数量及用途 表5-2

序号	机械设备名称	单位	数量	用途
1	吊车	辆	2	钢筋转运、小型模板安装与转运
2	模架行车系统	套	1	墙身大模板移动
3	混凝土汽车泵	辆	1	混凝土输送
4	混凝土罐车	辆	2	混凝土输送
5	混凝土搅拌站	套	1	混凝土拌制
6	混凝土振捣棒	支	10	混凝土浇筑及振捣
7	电焊机	台	10	钢筋焊接、模板安装固定
8	钢筋弯曲机	台	2	钢筋加工
9	钢筋切断机	台	2	钢筋加工
10	钢筋对焊机	台	1	钢筋加工
11	平板车	辆	1	钢筋转运
12	装载机	辆	2	拌合站上料、钢筋和小型模板转运
13	木工锯	台	1	木模板加工
14	潜水泵	台	6	排水
15	挖掘机	台	1	地基平整、临时便道整修
16	其他小型工具		若干	钢筋加工，模板制作、安装及拆除等

4）劳动力准备

根据本项目工程施工工艺和工程量，拟投入劳动力如表5-3所示。施工人员进场后，应立即对新进场的施工人员进行安全教育。在进行每道工序施工前，应组织施工人员进行施工技术交底和安全技术交底，明确施工工序、施工工艺、质量要求及应准备的各类施工工具；明确施工过程中的危险源及应采取的安全措施，以及安全事故发生后的处理程序。

大型船闸工程劳动力计划 表 5-3

序号	工种	人数	工作内容
1	木工	10	制作安装木模板,安装钢模板,模板的拆除与修整
2	架子工	6	搭设和拆除脚手架
3	钢筋工	20	钢筋的加工、绑扎
4	电焊工	4	电焊作业
5	混凝土工	6	浇筑混凝土
6	抹灰工	2	混凝土表面压实收光
7	电工	2	施工现场临时用电的维护与管理

5.1.4 大型船闸工程施工进度管理

大型船闸工程施工主要包括施工准备、施工围堰、土方工程、船闸工程和附属工程等。以本节前述船闸工程为例,其施工总进度计划横道图和网络进度图如图 5-3 和图 5-4 所示。横道图简单明了,但系统性不强。通过网络进度图可清楚看出该船闸工程的关键线路为:施工准备→施工围堰填筑及船闸防渗墙工程→船闸主体工程→闸区道路及附属工程。

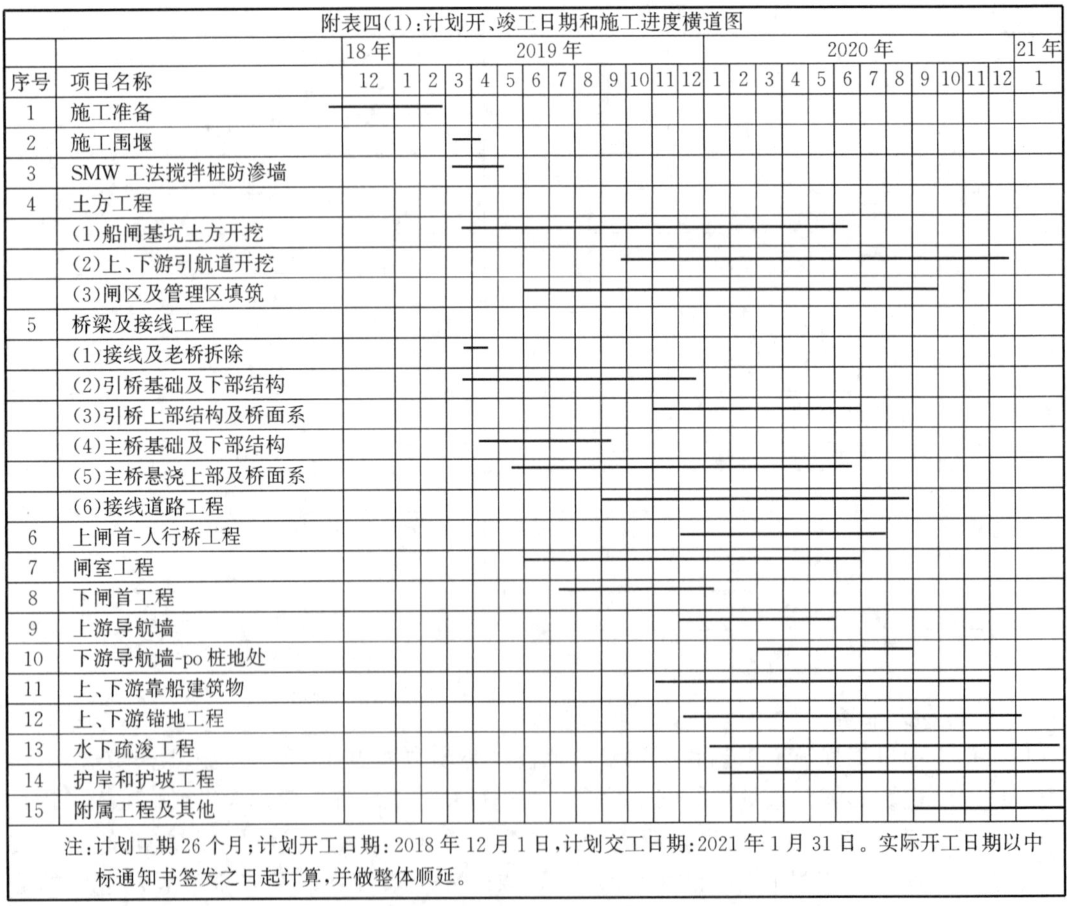

	附表四(1):计划开、竣工日期和施工进度横道图																											
		18 年	2019 年												2020 年													21 年
序号	项目名称	12	1	2	3	4	5	6	7	8	9	10	11	12	1	2	3	4	5	6	7	8	9	10	11	12	1
1	施工准备																										
2	施工围堰																										
3	SMW 工法搅拌桩防渗墙																										
4	土方工程																										
	(1)船闸基坑土方开挖																										
	(2)上、下游引航道开挖																										
	(3)闸区及管理区填筑																										
5	桥梁及接线工程																										
	(1)接线及老桥拆除																										
	(2)引桥基础及下部结构																										
	(3)引桥上部结构及桥面系																										
	(4)主桥基础及下部结构																										
	(5)主桥悬浇上部及桥面系																										
	(6)接线道路工程																										
6	上闸首-人行桥工程																										
7	闸室工程																										
8	下闸首工程																										
9	上游导航墙																										
10	下游导航墙-po 桩地处																										
11	上、下游靠船建筑物																										
12	上、下游锚地工程																										
13	水下疏浚工程																										
14	护岸和护坡工程																										
15	附属工程及其他																										

注:计划工期 26 个月;计划开工日期:2018 年 12 月 1 日,计划交工日期:2021 年 1 月 31 日。实际开工日期以中标通知书签发之日起计算,并做整体顺延。

图 5-3 大型船闸工程施工总进度计划横道图

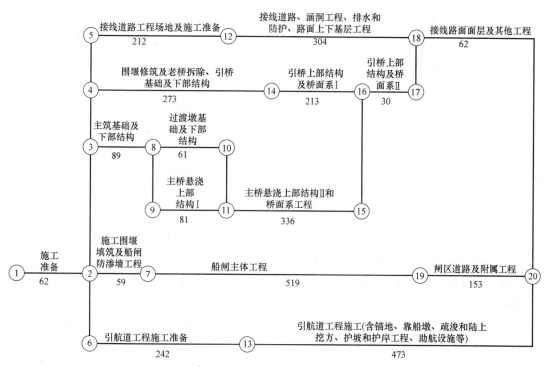

图 5-4　大型船闸工程网络进度图

为保证大型船闸工程施工的顺利开展，还应做好资源配置计划。其中，施工队伍配置计划如表 5-4 所示。

大型船闸工程施工队伍配置计划 表 5-4

序号	施工队伍	施工任务	施工人数（人）
1	闸室班	闸室混凝土、模板	30
2	闸首班	闸首混凝土、模板	25
3	导靠建筑物班	混凝土、模板	25
4	钢筋班	船闸、桥梁钢筋制作及安装	40
5	基坑降水	基坑降水	15
6	防渗帷幕施工队	船闸防渗施工	15
7	桩基施工队	跨闸桥桩基、跨闸人行桥等桩基成孔、灌注混凝土	20
8	桥梁施工1队	桥梁下部结构混凝土、梁板预制、安装等	30
9	桥梁施工2队	负责老桥顶升、拆除等	20
10	桥梁施工3队	变截面现浇箱梁施工（含张拉）等	30
11	土方施工队	引航道、闸首、闸室的开挖和回填、路基施工等	50
12	疏浚土方队	水下土方开挖	20
13	路面施工队	接线路面及附属工程施工	30
14	防护施工1队	引航道联锁块安装	60
15	防护施工2队	水下膜袋等	60
16	钢结构施工	靠船墩钢引桥	40

序号	施工队伍	施工任务	施工人数（人）
17	PC 管桩施工	打桩	10
18	基坑防护施工	船闸基坑边坡防护	10
19	钢便桥施工	桥架安装、铺设	15

施工材料进场应根据工程进度统一部署，严格控制砂石的材料数量、质量，确保不因材料数量、质量等原因影响工程施工的整体进度。在工程开工前应制订详细、周密的材料需求计划，并根据施工进度安排好供应计划，备足材料，确保施工有序、不间断进行。在材料运输方面，应根据计划安排，组织强有力的运输力量，及时将材料运至料场堆放，确保施工要求。

由工程技术部技术人员统计、汇总工程物资需用量详表，报项目材料设备部，作为物资采购的预控制依据。工程技术部根据项目施工详图和工程进度计划，编制旬、月物资申请计划，附分项核算表和物资明细表，并经审核后报项目材料设备部，作为物资分期采购的依据。

项目材料设备部根据本项目所需物资计划，对各种材料、半成品、构配件等进行详细的调查，确保施工过程中物资的及时供应。项目试验室对所采购的物资应及时进行试验，确保材料合格。

工程机械设备组织是工程施工组织的关键，也是确保工程顺利进展的重要因素。项目部应按合同文件要求以及施工实际需要，陆续组织主要设备进场，并确保设备状态良好。现场施工时，应根据实际进展情况及时进行机械设备动态调整，确保工期目标的实现。依据工程内容、工程特点及质量、工期要求，机械设备配置应遵循满足工程需要、充分利用既有设备、适当购买配套设备的原则进行。本项目主要设备配置计划如表 5-5 所示。

大型船闸工程设备配置计划　　　　　　　　　　　　　　表 5-5

序号	名称	规格/型号	单位	数量	拟进场时间
1	混凝土拌合站	HZS75	座	2	2019.3.15
2	装载机	ZL30/50	台	2	2019.3.15
3	汽车泵	38m	台	2	2019.6.15
4	罐车	10m³	台	4	2019.4.15
5	门式起重机	5t	台	—	2019.3.15
6	皮卡车	—	台	3	2019.1.10
7	轿车	—	台	1	2019.2.25
8	汽车式起重机	25t	台	2	2019.4.15
9	货车	13m	台	1	2019.3.15
10	挖掘机	PC200	台	1	2019.3.15
11	塔式起重机	6510	台	2	2019.6.15
12	变压器	400kVA	个	2	2019.3.15
13	全自动数控钢筋加工设备	弯箍机、弯曲中心	套	1	2019.3.15

序号	名称	规格/型号	单位	数量	拟进场时间
14	轻型移动模架	—	套	1	2019.4.15
15	道路板	2m×6m	张	50	2019.3.15
16	混凝土试验仪器	—	套	1	2019.3.15
17	发电机	150kW	台	1	2019.3.15
18	地磅	150t	台	1	2019.3.15
19	无人机	—	台	1	2019.2.15
20	测量仪器	—	套	1	2019.2.15
21	办公设备	—	套	1	2019.2.15

施工单位应根据设计图纸，编制详细、准确的机械使用计划，明确机械名称、型号、数量、能力及进出场时间等。在与劳务分包队伍签订分包合同时，明确配备机械设备型号、数量和质量要求。所有机械设备由项目材料设备部建立台账统一管理，并配备合格的机械维修人员及专门维修工具。机械设备进场后，严格按照施工现场平面布置图放置。机械设备必须按照使用说明书的要求定期保养，使其经常保持良好的状态，提高使用率和生产效率。

5.1.5　大型船闸工程施工进度优化

内河大型船闸工程的施工进度与成本是相互联系的。以本节前述大型船闸工程为例，为了在保证施工进度的同时最小化工程成本，建立了大型船闸工程施工进度-成本管理优化模型，针对每种工作的组合，确定适当的解决方案，使得项目可在预期时间内以最小的成本完成。大型船闸工程施工进度—成本管理优化模型的假设如下：①以工程项目的双代号网络计划为基础，其中各项工作与其紧前工作、紧后工作间只存在衔接关系，即当且仅当一项工作完成后其紧后工作才能开始；②工作的持续时间只能通过工作班制、人工数和机械台数来调节，因此，采用定额法计算工作的持续时间；③人工或机械的产量定额取决于当时的科技水平，所以为定值；④总工期由关键路径法得出，总成本等于各项工作的直接成本与间接成本之和；⑤不考虑税率问题以及资金的时间价值；⑥一项工作缩短的时间与该项工作增加的费用呈线性关系；⑦通过工程量清单可以使工程中各部分的工作量为确定值；⑧物料供应及时，不影响施工进度。基于以上假设，大型船闸工程施工进度-成本管理优化模型可表达为：

$$\min C = \sum_{i=1}^{n} C_i^j + C' = \sum_{i=1}^{n} \left[\mu_i \times (D_i^0 - D_i^j) + C_i^0\right] + v \times \sum_{i \in A} D_i^j \tag{5-1}$$

$$\text{s. t.} \begin{cases} C_i^j = F(N_i^j, R_i^j) + M_i^j, D_i^j = \dfrac{L_i}{S_i \times N_i^j \times R_i^j} \\[2mm] \mu_i = \dfrac{C_i^z - C_i^0}{D_i^0 - D_i^z} \\[2mm] \mu_i > \mu_i^0, D_i^z \leqslant D_i^j \leqslant D_i^0 \\[2mm] A \subset B, B = \{1, 2 \cdots n\} \end{cases} \tag{5-2}$$

式中，C 为施工总成本；C' 为间接成本；C_i^0 为按正常持续时间完成工作 i 的直接费用；C_i^z 为按最短持续时间完成工作 i 的直接费用；C_i^j 为采用工作 i 中第 j 种方案工作 i 的直接费用；$F(N_i^j, R_i^j)$ 为采用工作 i 中第 j 种方案工作 i 的人工费用和机械费用；M_i^j 为采用工作 i 中第 j 种方案工作 i 的材料费用；A 为双代号网络计划中的关键路径上的工作集合；B 为双代号网络计划中所有工作集合（$1, 2\cdots n$ 为双代号网络计划中的工作代号）；D_i^0 为工作 i 的正常持续时间；D_i^j 为采用工作 i 中第 j 种方案工作 i 的持续时间；D_i^z 为工作 i 的最短持续时间；S_i 为工作 i 对应的人工或机械的产量定额工作；N_i^j 为采用工作 i 中第 j 种方案工作 i 的工作班制；v 为整个工程的间接费用率；μ_i^0 为工作 i 中正常工作的单位时间直接费用；μ_i 为工作 i 中的直接费用率。

由于粒子群算法（PSO）具有搜索精度较高、收敛速度较快等优点，且算法参数设置少，操作简单，相比其他算法更加便捷，因此，本工程采用粒子群算法（PSO）并通过 Matlab 软件实现大型船闸工程施工进度-成本管理优化。标准的 PSO 算法流程如图 5-5 所示。

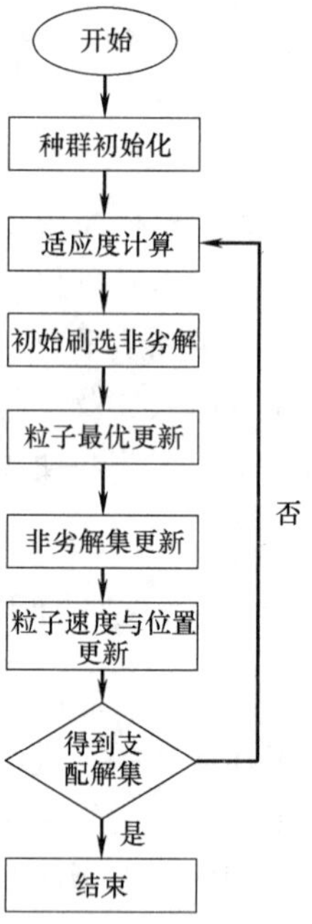

第一步：种群初始化。种群初始化就是产生第一代粒子群个体，包括对群体规模、每个粒子的位置和速度的初始化，即：群体规模 m，加速常数 c_1 和 c_2，惯性权重 ω 和最大速度 $V_{\max}$。

群体规模：初始种群应该尽可能覆盖整个搜索空间。初始种群矩阵 $\boldsymbol{X}$ 是一个行数等于种群数量 m，列数等于问题维度 D_{im} 的矩阵。一般地，种群数量 m 的取值范围为 $50\sim1000$，问题维度 D_{im} 的值等于子工程、工序的数量。另外，矩阵中每个数的取值等于子工程、工序可选施工方案的数量 n 以内的任何值。

图 5-5　PSO 算法流程

加速常数：加速常数 c_1 和 c_2 的作用是分别调节粒子向自身或邻域最佳位置运动的最大步长。合适的 c_1 和 c_2 可以使粒子群加快收敛并且不易陷入局部最优。如果 c_1 和 c_2 太小，则粒子可能无法达到目标区域；如果 c_1 和 c_2 太大，则粒子可能飞过目标区域或者突然接近目标区域。

最大速度：最大速度 $V_{\max}$ 的作用是抑制粒子在问题空间中无规律的跳动。$V_{\max}$ 决定了搜索精度，$V_{\max}$ 太大，粒子可能会飞过好的解；$V_{\max}$ 太小，粒子的搜索速度太慢，或可能陷入局部收敛，无法找到好的解。当设定了惯性权重后，对最大速度 $V_{\max}$ 的设置就不再是十分必要的了。

惯性权重：惯性权重 ω 用来控制粒子先前速度对当前速度的影响。惯性权重很小时，可增强粒子群算法的局部搜索能力；惯性权重很大时，又会增强粒子群算法全局搜索的能力，权重值取 $\omega=0.8$ 时较好。

第二步：适应度的计算。适应度的计算参考多目标优化模型的目标函数，每个个体的适应度值有 2 个，即工期和成本，同时必须满足约束条件。

第三步：初始筛选非劣解。初始筛选非劣解的方法为，粒子初始化后，将不受其他粒子支配的粒子放入非劣解集中。

第四步：粒子最优更新。粒子最优包括个体最优粒子与群体最优粒子。个体最优粒子的更新方式是从新粒子与个体最优粒子中选择支配粒子；若两者皆非支配粒子，则任选其中一个作为新的个体最优粒子。群体最优粒子的更新方式是从非劣解集中随机选择一个作为群体最优粒子。

第五步：非劣解集更新。当新的粒子不受其他粒子以及当前非劣解集中的粒子支配时，将该粒子放入非劣解集中。

第六步：粒子速度与位置的更新。粒子速度 V 的更新计算式如下：

$$V^{k+1} = \omega V^k + c_1 r_1 (P_{id}^k - X^k) + c_2 r_2 (P_{gd}^k - X^k) \tag{5-3}$$

式中，k 为当前迭代次数；r_1 和 r_2 为 $[0，1]$ 间的随机数；P_{id}^k 为个体最优粒子位置；P_{gd}^k 为全局最优粒子位置。

粒子位置 X 的更新计算式如下：

$$X^{k+1} = X^k + V^{k+1} \tag{5-4}$$

如果满足误差要求或到达最大循环次数的限制，算法结束；不满足则循环算法直至满足条件。

5.2　质量管理

大型船闸工程的质量管理贯穿施工全过程，具有全面性、全员性、预防性、服务性和科学性的特点。

（1）全面性：指质量管理的对象是大型船闸工程施工的全过程。

（2）全员性：指质量管理要依靠全体职工。

（3）预防性：指质量管理应具有高度的预防性，对大型船闸工程施工质量进行事前控制，把质量缺陷和不合格消灭在发生之前，使每一道工序都处于受控状态。

（4）服务性：主要表现在以产品或劳务满足用户的需要，为用户服务。

（5）科学性：质量管理必须科学化，必须更加自觉地利用现代科学技术和先进的科学管理方法。科学的质量管理要坚持用数据说话的观点，必须依据正确的数据资料进行加工、分析和处理，找出规律，再结合专业技术和实际情况，对存在的问题作出正确判断并采取正确措施。

影响大型船闸工程施工质量的有五大因素（4M1E），即人、材料、机械、方法和环境。人的因素就是人员素质，包括质量意识、技术水平和精神状态等；材料因素即原材料的性能，包括材质的均匀度、物理化学性能等；机械就是机械设备的先进性、精度、维护保养状况等；方法因素包括生产工艺、操作方法等；环境因素包括时间、季节、现场温度与湿度、噪声干扰等。

5.2.1　大型船闸工程施工质量目标

大型船闸工程施工质量是指大型船闸满足用户要求的程度。用户对大型船闸施工质量的要求可以定量表示的性质称为质量特性；不能定量表示而只能定性表示的性质称为质量特征。质量特征可以在图纸和有关技术文件上用文字说明；质量特性通常用质量指标来表示，一个产品常常需要用多个质量指标来反映其质量。测量质量指标所得到的数值称为质量特征值。

大型船闸工程施工需要首先确定质量目标。质量目标一般采用竣工验收的质量评定，如交工验收质量评定合格，工程质量鉴定各项得分率不得低于90％等。同时，大型船闸工程的质量需满足现行水运工程质量检验标准和其他现行工程质量检验标准的要求。

为了实现大型船闸工程施工质量目标，要建立以项目经理为工程质量第一责任人的管理组织机构和以项目技术负责人负责的质检、试验、测量三位一体的质量保证体系（图5-6）。质量检查组织机构应采用定期和不定期相结合的工作方式开展工程质量检查工作；强化全面质量管理，针对难点和重点工程，建立TQC领导小组。质量管理工作需从合同文件、质量目标抓起，从施工组织设计和施工方案入手，依据设计文件和有关规范、规程及验收标准，着眼于人员、物资、机械设备、工程试验及施工工艺，由始至终采取积极、有效的措施，最终为用户提供优质产品和优质服务。

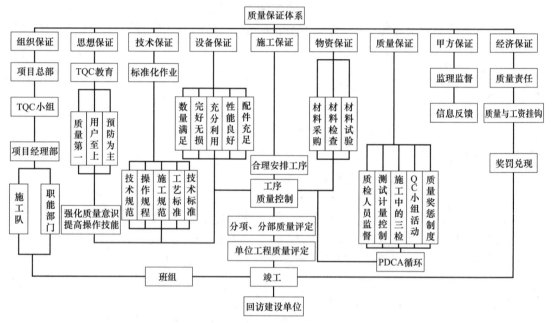

图5-6　大型船闸工程质量保证体系

5.2.2　大型船闸工程施工质量管理措施

大型船闸工程施工需要建立一系列的质量管理措施，包括开工前检验制度、施工过程中检验制度、定期质量检查制度、隐蔽工程验收制度、混凝土开盘申请及拆模申请制度、首件工程认可制度及标准化施工管理制度。

1. 开工前检验制度

开工前检验的内容及要求：设计文件、施工图纸经审核并据此编制施工组织设计及质量计划；施工前的工地调查和复测符合要求；各种技术交底工作已完成，特殊作业、关键工序已编制作业指导书；采用的新技术、机具设备、原材料能满足工程质量需要。

2. 施工过程中检验制度

施工中对以下工作经常进行抽查和重点检验：施工测量及放线正确，精度达到要求；按照图纸施工，操作方法正确，质量符合验收标准；施工原始记录填写完善，记载真实；

落实有关保证工程质量的措施和管理制度；混凝土、砂浆试件及土方密实度按规定进行检测试验和验收，试件组数及强度符合要求；工班严格执行自检、互检、交接检"三检"制度，并有交接记录；工程日志簿填写符合实际。

3. 定期质量检查制度

项目部每月组织一次定期检查，由项目总工程师主持，质检部门和有关部门的人员参加。对检查发现的问题要认真分析，找准主要原因，提出改进措施，限期进行整改。

4. 隐蔽工程验收制度

隐蔽工程必须按规定检查合格并签证后才能覆盖。隐蔽工程检查采用班组检查与专业检查相结合的方式，即施工班组在每道工序完工之后，首先进行自检，自检如不符合质量要求应予以纠正，再由项目部专业检查人员进行检验。各工序完成后，由质量检查工程师会同各工班长，按技术规范进行检验，凡不符合质量要求的，坚决予以返工处理，直到再次验收合格。隐蔽工程在完成上述工作后，报请现场监理工程师检查验收，做好验收记录、签证及资料整理工作。

5. 混凝土开盘申请及拆模申请制度

浇筑混凝土前须办理浇筑申请手续，未办理手续不得进行浇筑。混凝土拆模时间必须符合技术要求，不得随意拆模，拆模时现场技术员、质量检查员必须在场。

6. 首件工程认可制度

通过对首件工程实体、首件工程各道工序的检查验收，总结出首件工程的工艺流程、施工参数以及质量通病的防治措施，以指导下一步大面积施工。首件工程开工前 5 天，应向监理单位递交首件工程开工报告。首件工程开始施工时，分项工程技术负责人应填写施工原始记录，施工前还应组织进行技术交底。首件工程施工结束后，应按照设计文件、招标文件、行业质量检验评定标准对首件工程进行检查验收，依据基本要求、检测项目和外观质量三大内容对首个工程进行质量评定，自检合格后，向监理单位提出首件工程中间交工验收申请，验收申请应包含首件工程的自检资料的全套复印件及技术总结报告，技术报告应涵盖首件工程的各道工序施工作业要求、质量通病的防治措施和整改要求。

7. 标准化施工管理制度

钢筋加工实行集中管理，钢筋采用数控钢筋加工设备加工；模板实行准入制度，结构所用模板必须新购置大块钢模板，有足够的厚度、刚度和拼装精准度；对拌合站等重要专用设备实行准入制度，设置外接管控装置；主要材料料源和生产厂家实行准入制度。档案管理应做到标准化，各种文件档案应设专人管理，对各项施工原始记录、试验检测资料统一管理；支付档案资料齐全，归档及时。计量支付、变更设计等资料实行计算机管理，积极推进质检、试验检测资料实现计算机联网管理，确保工程资料的真实性和完整性。

5.2.3 大型船闸工程关键工序质量控制措施

通过梳理大型船闸工程施工过程，本节介绍几项关键工序的质量控制措施。

1. 基础施工质量控制措施

认真复测并校核测量基准点、基准线、水准点的基本资料和数据。根据施工设计图纸和测量基准点，以及国家测绘标准和工程施工精度要求，测设用于工程施工的控制网、分块控制桩及高程控制点。确保回声测深仪、GPS、全站仪、水准仪等主要测量设备的测量精度。在施工前，认真进行施工技术交底，并预先制订施工疏浚开挖计划。

灌注桩的施工质量关系到支护和靠船墩结构的稳定性，而桩基质量受到多个因素影响，易造成质量事故，因此应加强质量控制。具体措施包括：①加强桩位放样、测量精确定位，力求准确无误，防止桩位偏差。②通过钻孔取出的岩样判断桩孔嵌入持力层深度和岩石强度，并与设计图纸进行对比，详细记录钻孔施工记录。③钻孔过程中，应检查钻孔直径和垂直度，确保钻孔直径和竖直符合要求，避免桩偏斜事故。④水下钻孔施工时，钻孔前应注意控制护筒埋设深度，保证其轴线对准测量所标出的桩位中心，护筒应与周边土体接触紧密，孔位偏差不应大于 5cm，倾斜度不大于 1%。

2. 闸室施工质量控制措施

制订大体积混凝土专项施工方案，根据原材料、配合比、环境条件、施工工艺等因素，进行温控设计和温控检测设计，在浇筑后按设计要求对混凝土内部和表面的温度实施检测和监控。浇筑温度不高于 30℃，不低于 5℃；内部最高温度不高于 70℃；内部和表面的温差不大于 25℃。大体积混凝土分层连续施工，按设计分块浇筑，分块施工所形成的后浇带施工应在大体积混凝土温度场趋于稳定后进行，设计有要求时应符合设计要求；后浇带采用微膨胀混凝土，并一次浇筑完成。大体积混凝土的温度控制宜遵循"内降外保"的原则，即在混凝土块体内部设置冷却水管循环水进行冷却，冷却水流速不小于 0.6m/s，冷却水温度与混凝土内部温度之差不超过 20℃。大体积混凝土养护时间不少于 14d，寒冷天气或气温骤降天气浇筑的混凝土，除应对外部加强覆盖保温外，还应适当延长养护时间。

3. 闸首、闸室墙和导航墙裂缝防治措施

对于闸首环形输水廊道内外侧拐弯段、闸室墙身浮式系船柱井拐角处等断面变化部位以及易产生裂缝部位，应加设分布钢筋（丝）网。采取统一料源，施工前进行混凝土配合比试验，采用中低水化热水泥，掺入粉煤灰与高效缓凝减水剂，根据试验结果确定各部位混凝土配合比。加强对地基承载力的检测，按设计要求对地基进行处理，防止出现不均匀沉降。

4. 施工缝、伸缩缝渗水防治措施

安装时严格按设计及规范要求进行，防止止水带卷曲、变形，在止水带两侧采用人工摊铺，振捣器振捣时不得碰到止水带并保证振捣质量。混凝土浇筑严格按规范要求进行；对穿拉杆采用三段式止水螺杆先进工艺，施工孔洞采用试验部门配制的微膨胀砂浆填补。严格按规范要求进行配合比设计，采用优质原材料，确保混凝土抗渗指标满足施工要求。

5. 闸（阀）门渗漏水防治措施

对于底支承座，顶拉杆，门槛的高程、宽度、角度、旋转中心，开（关）门位置线，底槛预埋控制线等部位应重点控制，按图纸、工艺要求和规范严格检查，并设置各工件安装完成后无法检查的辅助线。加强对安装质量的控制，安装前对闸首进行清理，检查埋件、开（关）门位置，根据埋件安装时放的大样线，放闸门安装大样和控制线；以旋转中心控制安装底枢承轴台、门端下拉杆座和门端上拉杆座，严格控制底枢在承轴台的四角水平及高程，确保门端上、下拉杆的高程与承轴台旋转中心的同轴度后再吊装端柱。

5.3 安全管理

安全是指在生产过程中免遭不可承受的危险、伤害,包括两个方面含义,一是预知危险,二是消除危险,两者缺一不可。安全与危险相互对应,是对生产、生活中免受人身伤害的综合认识。安全管理可以定义为管理者为实现安全生产目标对生产活动进行的计划、组织、指挥、协调和控制的一系列活动,以保护员工在生产过程中的安全与健康。其主要任务是:加强劳动保护工作,改善劳动条件,加强安全作业管理,落实安全生产,保护职工的安全和健康。

大型船闸工程内容多,结构形式复杂多样,工程量大,施工强度高,相互交叉作业多,且受发电、泄洪等因素制约,因此存在较大的安全风险。大型船闸工程施工的特点主要有:①大型船闸生产的固定性;②露天作业环境的恶劣性;③结构施工的高空性;④施工队伍流动性大、素质参差不齐,安全管理的困难性;⑤手工操作多、体力消耗大、强度高,劳动保护的艰巨性;⑥产品品种多样化、施工工艺多变性,导致施工安全管理的复杂性;⑦施工场地狭小,带来多工种作业的立体交叉性。

大型船闸工程施工安全生产的上述特点,决定了施工生产的安全隐患多存在于高处作业、交叉作业、垂直运输、个人劳动保护以及使用电气机具等环节,伤亡事故也多表现为高处坠落、物体打击、机械伤害、起重伤害、触电、坍塌掩埋等。大型船闸工程由于其自身建设规模和结构复杂性,导致安全管理困难,因此更需要加强事前对船闸施工的风险源预判和风险评估工作,以实现预防为主、风险可控的安全管理。

5.3.1 大型船闸工程安全管理措施

1. 明确安全职责、强化安全意识

1)安全管理应调动建设各方参与安全管理的主观积极性。对在安全管理过程中反复出现和长期未能有效改善的安全突出问题,要及时分析,限期整改;对短时间内无法整改到位的,要制订整改计划;采取针对性措施,结合教育培训、技术交底,加强安全设施建设,从根本上解决问题。

2)层层分解落实安全生产责任制。建设单位与施工单位、建设单位与监理单位、建设单位与设计单位、监理单位与施工单位间均应签订安全生产责任书,明确各自的安全生产责任与职责;以法律文书的形式对安全生产责任予以分解,在法律层面保证安全生产责任的落实。

3)建立安全生产考核制度。实行安全考核,将责任制的落实执行效果与单位的经济效益、社会效益挂钩,与个人的岗位利益、经济利益挂钩,形成有效的约束机制,以此来保证安全责任制的落实。

4)成立安全管理领导小组,明确参建各方及其各部门的安全生产职责(图5-7)。明确安全目标和责任,建立奖惩机制,完善安全管理制度,加强安全检查,督促各项安全制度的落实,及时总结,形成长效机制。

2. 完善安全管理体系、落实执行

1)统筹规划,形成安全管理联动机制

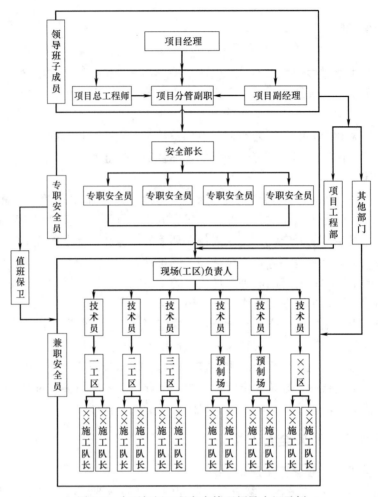

图 5-7　大型船闸工程安全管理领导小组示例

安全管理工作需要建设各方密切配合，及时做好工程的安全风险评估，对工程高危作业单元提出具有前瞻性的指导意见；明确安全管理工作的重点，将重大危险源监控和管理作为现场安全管理工作的核心。

以派河口船闸为例，通过安全风险评估，确定了派河口船闸工程重大危险源的辨识与安全风险评估的成果，明确了派河口船闸工程危险性较大分部分项工程，高度关注搅拌站大型储料罐安装和塔式起重机安拆中的起重作业，杜绝起重伤害事件的发生；将骨料冷却系统的液氨储存列入重大危险源进行管理，在制度的制订、日常管理的规范操作、发生事故的逃生演练等方面狠下功夫，从根源上进行管控，有效防范了液氨泄漏等安全事故的发生。

2）项目安全管理要科学

（1）建设单位在招标阶段，编制招标文件时，要明确安全生产目标、主要安全设施及安全生产费用的支付条件，特别是安全生产费用的管理，这是安全生产管理的主要手段。工程开工后，建设单位应及时制订"安全费用使用管理办法"，明确安全费用组成、计量支付、使用范围和监管措施，规范安全费用的申报、计提与使用流程，确保安全费用及时投入。

（2）船闸工程技术复杂、安全风险高，必须委托第三方开展重点部位安全监测监控。以派河口船闸工程为例，为保证施工安全，建设单位邀请多家国内一流的水利水运工程监测监控机构，研究技术方案，并通过公开招标确定第三方监测单位，加强船闸结构渗压、枢纽老结构和高边坡稳定等重要部位的监测监控。

（3）针对船闸工程施工应制订严格的安全检查制度，加强检查和督促，对检查出的安全隐患要督促限期整改，对隐患出现频率高、安全问题突出的安全隐患点应列入重点督查对象，加大检查频率。对安全管理过程中所反映出的安全管理难点，要加强科研攻关，进一步发挥课题研究在安全管理活动中的重要作用。

3）重视勘察设计安全

（1）勘察设计单位要深化勘察、优化设计，使勘察设计切合工程的实际，便于实施，安全可行。按照法律、法规和工程建设强制性标准进行设计，始终将工程的安全性作为设计的首要因素，防止因设计不合理导致生产事故的发生。

（2）对采用新结构、新材料、新工艺的工程和特殊结构的工程，在设计中提出保障施工作业人员安全和预防生产安全事故的措施与建议。

（3）总结吸收以往船闸工程的施工配合经验，在设计文件的施工图说明中根据水工建筑物的不同形式、不同位置，对其施工安全的重要部位和环节的安全控制措施进行重点论述。参与施工交底，对可能出现的安全问题及施工重要步骤进行告知。

4）施工安全措施要精细

（1）重视安全教育与培训工作，组织形式多样的各类专项安全教育，特别是针对一线工人的岗前教育和施工过程中的安全技术交底，加强操作工人预防安全隐患的能力，提高安全事故防范意识。

（2）编制安全专项施工方案。编制施工组织设计时，确定需要编制的安全专项施工方案清单，严格落实方案编写、审核程序，对超过一定规模的工程专项方案组织专家进行评审。

（3）落实安全技术交底。项目针对各分部分项工程、特种作业人员必须开展安全技术交底。通过贯彻施工工艺，了解现场的安全环境、人为障碍等因素，让现场管理人员、操作工人掌握安全防范措施。

（4）加强安全自查及隐患整改，建立完善的安全检查制度。开展安全检查及隐患排查，重点将安全检查活动做细做实，对现场主要施工区"三场一站"、船闸主体基坑、高边坡支护等安全风险较大的作业点存在的安全隐患进行排查与整改，使现场的安全管理始终处于良好的受控状态。

（5）规范临时用电的管理。施工用电要严格执行"三级配电二级保护""三相五线制""一机一闸一箱一漏"等规定；高压配电房外要设置安全防护网、安全警示标志；现场电缆应架空布设。组织开展安全用电专项教育活动；定期清查现场临时用电设备，坚决淘汰不合格、不规范的三级电箱和不合理的电线布设。

（6）实施信息化、智能化管理。施工现场实现视频监控全覆盖，参建各方及监管部门均可远程查看现场施工作业情况，同时，利用网盘、云盘等技术实现参建各方质量技术和试验、安全、进度等管理的数据共享。通过视频监控全覆盖对每个作业单位实现数字化、信息化管理，随时了解和掌握现场的生产情况，及时发现和纠正施工人员的违章行为，提高安全管理的工作效率。

（7）强化起重作业风险防控。强化指挥作业人员的安全意识尤为必要，通过一些活生生的有关起重案例的教育，让相关人员产生深刻的感性认识；对"三违"行为进行经济处罚，也是治理起重违章作业的有效手段之一。

（8）标准化工地建设。按照交通运输部工程质量监督局《公路水运工程施工安全标准化指南》（人民交通出版社，2019）的要求，全面开展标准化工地建设工作。施工前应对标准化工地建设进行全面规划。根据现场施工进展情况，逐步落实各项标准化工地建设工作。

5）强化监理安全责任

（1）监理单位内部每人印发《安全管理工作手册》，将安全管理监理职责和施工现场安全监理控制要点分类、分项宣贯到每个监理人员，有效提高监理人员的安全意识和管理水平。

（2）监理单位必须编制安全监理规划，依据国家相关法律法规、强制性条文对安全监理工作进行详细的部署，定期组织安全学习、培训教育工作。监理单位根据安全监理规划要求，分阶段编制相应的安全监理细则。

（3）监理单位应及时审查安全专项方案和施工组织设计中的安全技术措施，提出审查意见，并参与专家审查会，对工程技术、安全等进行严格审查把关。实施过程中督促承包人严格按照批准的专项方案组织施工，不得擅自修改、调整专项方案。安全监理人员根据专项安全方案及专项安全监理细则对危险性较大工程进行检查并督促落实。

（4）根据实际情况查找不足，进行整改和完善。通过安全巡查、定期检查和联合检查等，监理单位应加强对承包方人员持证上岗情况、施工机具管理情况、现场作业情况、施工安全内业资料等方面的检查，对在检查中发现的隐患，坚持跟踪处理，直至隐患消除。

（5）监理单位推行工序流转单，将安全监理工作纳入工序检验过程中。对承包方的工序报验，通过监理单位的内部工作流转，必须得到安全监理的认可方可进入下道工序，使安全管理贯穿到各个施工工序和整个施工过程，强化安全监理的过程管控力度。

5.3.2 大型船闸工程重大危险源管理

根据对于施工现场重大危险源的相关管理要求，对大型船闸工程重大危险源进行识别、控制和跟踪管理。首先，识别大型船闸工程影响因素，确定危险源并进行风险评价，列出"重大危险源清单"。其次，将重大危险源风险等级分为较大危险、中等风险和可接受风险三个等级，较大风险指必须采取控制措施的风险；中等风险指应关注的风险。最后，根据危险源辨识结果，制订针对性的危险源控制措施。如表5-6所示。

大型船闸工程重大危险源清单及控制措施　　　　　　　　　　　表5-6

危险源	可能导致事故	控制措施
在使用同一供电系统时，一部分设备作保护接零，另一部分设备作保护接地（除电梯、塔式起重机外）	触电	在使用同一供电系统时，禁止一部分设备作保护接零，另一部分设备作保护接地

危险源	可能导致事故	控制措施
脚手架外侧边缘与外电架空线路的边线未达到安全距离且未采取防护措施	触电	脚手架外侧边缘与外电架空线路的边线必须达到安全距离，并应采取相应的防护措施
起重机械未经专业人员检查合格就投入使用	起重伤害	起重机械必须经专业人员检查合格后方可使用
起重操作、指挥人员不了解起重机械性能或无证上岗	起重伤害	起重操作、指挥人员应了解起重机械性能，严禁无证人员上岗
吊钩无保险装置	起重伤害	吊钩必须设保险装置
枕木铺设不符合要求	起重伤害	枕木铺设必须符合要求
使用不合格吊索具	起重伤害	严禁使用不合格吊索具
2m以上绑扎钢筋和安装骨架未满铺脚手板	高处坠落	2m以上绑扎钢筋和安装骨架必须满铺脚手板
绑扎钢筋和安装骨架，周转范围内有人	物体打击	绑扎钢筋和安装骨架，周转范围内不得有人
高处作业人员未佩戴安全带，或佩戴安全带但未扣保险扣	高处坠落	高处作业人员必须佩戴安全带，扣保险扣
安全带低挂高用	高处坠落	安全带必须高挂低用
遇有六级以上强风、浓雾等恶劣气候，未停止露天攀登与悬空高处作业	高处坠落	遇有六级以上强风、浓雾等恶劣气候，不得进行露天攀登与悬空高处作业
桩架的地基不平或承载力不够	桩机侧翻，人员受伤	施工现场应按地基承载力的要求进行整平压实；对于地耐力不够的场地，必须先夯实，或者加垫基础和铺设路基
桩机安装方案存在缺陷	桩机侧翻	设备在安装前将方案报送监理部门审核，通过之后方可进行安装
汽车式起重机在拼装桩机或吊卸桩材或灌桩时无人指挥	车辆侧翻，人员受伤	拼装桩机或吊卸桩材时应由着反光背心的人员统一指挥，起重机操作人员和挂钩人员应密切联系，相互配合，有专人指挥
平台上作业未佩戴安全带	人员坠落	桩机平台无围栏，极易造成人员坠落，必须佩戴安全带
桩机司机违反操作规程	各类事故	严格对桩机操作人员进行监控，一旦发现违反操作规程立即制止并进行处罚
泥浆池周边安全围护不到位，孔口作业人员未系安全绳，停钻时孔口未遮盖防护	淹溺	严格按要求进行泥浆池防护，挂设安全警示牌，孔口附近操作必须系安全绳，停钻时孔口做好遮盖防护工作
基坑深度超5m无专项支护设计方案	坍塌	编制深基坑专项方案并经专家论证通过后实施
基坑支护强度不够	坍塌	严格按基坑专项方案施工
支护设计方案及施工方案未经监理审批	坍塌	专项方案需经监理审批后方可实施
边坡开挖不符合设计要求	坍塌	严格按照设计方案设置边坡
模板安装、拆除	失稳、物体打击、人员坠落	(1)模板的设计、加工、安装、拆除必须由具有相应专业资质的单位承担； (2)移动模架必须具有产品合格证
模板前移	失稳倾覆	(1)严格执行操作规程； (2)移动过程中有专人指挥，千斤顶工作应平衡，模架应缓慢、对称均匀行走； (3)定期检查结构安全

续表

危险源	可能导致事故	控制措施
高空作业平台	人员高处坠落	(1)操作平台四周设置防护栏杆,挂安全网; (2)作业人员佩戴安全帽、穿防滑鞋、系安全带
钢筋施工	机械伤害	(1)严格按照机械操作规程作业; (2)作业人员佩戴好个人防护用品
混凝土施工	机械伤害、触电	(1)严格按照机械操作规程作业; (2)制定安全用电注意事项; (3)注意洒水养护时不得将水喷到电线或电气设备上
起吊设备	物体打击、机械伤害	(1)合理编制预制梁板吊运方案; (2)专人现场指挥起吊设备运转并在规定作业范围设置警戒线及警示牌; (3)起吊前,及时了解机械设备的保养、维护情况,严禁机械带故障及超负荷使用
提梁、运梁	倾覆	(1)专人统一指挥,现场设专职安全员对运架进行安全巡视; (2)作业设专人清理走道,保持场地平整; (3)严格控制运梁车行驶速度; (4)经常检查钢丝绳,发现破损及时更换
架梁	垮塌、高空坠落	(1)合理设计并选用架梁机; (2)梁体安装就位后及时牢固支撑或梁体间牢固连接以防倾覆; (3)经常检查钢丝绳,发现破损及时更换
架桥机行走超速	倾覆	(1)严格控制架桥机行走速度; (2)架桥机行走到位时,及时固定前支腿

5.3.3 大型船闸工程安全保障措施

针对大型船闸工程重大危险源的梳理,对影响施工安全的重大危险源及危险工程提出相应的安全保护措施,主要包括土方施工、高大模板施工、钢管脚手架搭设与拆除、施工现场临时用电、高处作业金属结构起重吊装及临水作业等。

1. 土方施工安全保证措施

1)施工组织设计中,制订单项土方工程施工方案。对施工准备、开挖方法、放坡、排水及边坡支护等,应根据有关规范要求进行设计,边坡支护要有设计计算书。

2)基坑开挖时,操作人员之间要保持 2.5m 以上安全距离。

3)多台机械开挖时,挖土机械之间应保证 10m 以上安全距离。应验算边坡的稳定性,确定挖土机械离边坡的安全距离,以防造成坍塌、翻机事故。

4)有支护要求的基坑在拆除护壁支撑时,应按照回填顺序,自下而上逐步拆除;更换支撑时,必须先安装新的,再拆除旧的。

5)斜坡地段挖方宜从上至下,分层分段依次进行。在斜坡上方弃土时,应保证挖方边坡的稳定,弃土堆应连续设置,其顶面应向外倾斜,防止坡水流入挖方场地。

6)滑坡地段挖方前应遵循先整治后开挖,自上而下的施工顺序,严禁全面拉槽开挖,弃土不得堆在主滑区内。施工过程中应设专人监护,防止坍塌事故发生。

2. 高大模板施工安全保证措施

1）按程序审批编制专项搭、拆施工方案。

2）模板支架及模板表面不得集中堆载，顶板部位堆载不得超过 12.5kN/m，模板部位堆载不得超过 4kN/m。

3）顶板支撑体系支搭完成后应履行检查验收程序，合格后方可进行模板安装。

4）为确保模板支设人员施工安全，防止高空坠落，作业面部位支撑体系距模板安装作业面下方应设水平方向安全网，安全网距作业面不大于 2m，操作人员禁止在顶板上行走。

5）拆模应按工艺执行，严禁猛撬、硬砸或大面积撬落和拉倒；严禁站在已拆或松动的模板上进行拆除作业。

3. 钢管脚手架搭设与拆除安全保证措施

1）扣件式钢管脚手架施工前，应按《建筑施工扣件式钢管脚手架安全技术规范》JGJ 130—2011[77] 编制专项搭、拆施工方案。

2）钢管脚手架、平台的搭设应严格执行《建筑施工扣件式钢管脚手架安全技术规范》JGJ 130—2011[77] 的要求，钢管外径为 48mm，壁厚 3.5mm，材质无锈蚀、裂纹、变形扭曲。扣件要符合《钢管脚手架扣件》GB 15831—2006[78] 的规定，禁止使用变形、裂纹、滑丝等有缺陷的扣件。搭设完后，应组织验收。

3）脚手架作业层上的施工荷载应满足设计要求，不得超载。施工层脚手板必须满铺并固定，施工平台临边必须设置 1.2m 高的防护栏杆和防护网。

4）拆除落地脚手架时应遵循先支后拆、后支先拆、由上至下、一步一清的原则，拆下的杆件、扣件、绑扎材料应及时向下运送或传递，严禁往下投扔；运送到地面的杆件、材料等要在指定地点分类堆放。

4. 施工现场临时用电安全保证措施

1）根据《施工现场临时用电安全技术规范》JGJ 46—2005[79] 的要求，工程项目施工现场临时用电必须编制临时用电专项方案。

2）施工现场必须设置用电总配电室。配电室高度不低于 3m，长 4m，宽 3m；室内设置采光窗，内装网孔不大于 10mm×10mm 的金属网。

3）进出配电室的线路应从墙面的预留套管或地沟中穿出和穿进；配电柜稳固在墩台上，柜前柜后均设置绝缘台（垫）；配电室内设置绝缘灭火器；电工岗位责任制和安全操作规程牌上墙，安全标志牌齐全。

4）专用保护零线的设置必须采用绿/黄双色多股铜芯线，保护零线单独敷设；施工现场电气设备的金属外壳必须与保护零线连接，重复接地应与保护零线相连接，其接地电阻值不大于 10Ω。

5）施工现场临时用电按规范做到三级配电（总配电箱—分配电箱—开关箱）、两级保护（总配电箱和开关箱）。施工现场用电设备做到"一机、一闸、一漏、一箱"，停止作业后，操作人员要停机切断电源，锁好开关箱防止误操作。

6）施工现场采用建设行业管理部门规定的有准用证的厂家生产的铁制标准式配电箱。配电箱和开关箱装设在坚固的支架上，其下底面与地面的垂直距离宜大于 1.2m，小于 1.5m。

7）室外照明灯具的金属外壳必须保护接零，其灯具距离地面不得低于 3m；路灯灯头应做防水弯。油库、油漆仓库除通风良好外，其灯具必须为防爆型，拉线开关安装于库门外面；室内灯具装设不得低于 2.4m，任何电器、灯具的相线必须经开关控制，不得将相线直接引入灯具、电器。

5. 高处作业安全保证措施

1）工程项目技术负责人针对本工程特点编制高处作业专项安全施工方案。

2）作业人员在周边悬空状态下进行的高处作业应有牢靠的立足处，并视作业条件设置栏杆及防护网，系牢安全带。

3）支、拆模板人员作业要站在操作平台或脚手架上，不准站在模板支撑和梁的侧模上。绑扎梁钢筋时需搭设作业平台，绑扎柱钢筋时不得站在骨架上作业或攀登骨架。浇筑混凝土作业时，高度在 2m 以上的墩台、梁柱等应搭设作业平台，不得站在模板或支撑上操作。

4）施工现场各层上下立体交叉作业时，不得在同一垂直方向上操作。下层作业的位置，必须在上层高度可能坠落范围半径之外；如达不到要求时应设置隔离层，隔离层可采用木脚手板，按照防护棚的搭设要求进行。

5）边长在 150cm 以上的洞口四周应设防护栏杆，洞口下方张设安全平网。

6）施工现场通道附近的各类洞口与坑槽等处，除设置防护设施与安全标志外，夜间还应设立红灯警示。

6. 金属结构起重吊装安全保证措施

1）起重吊装作业前必须编制专项施工方案。

2）起重机司索及信号指挥人员必须持证上岗。司机在操作起重机进行起升、回转、变幅、行走等动作前，应鸣声示意。

3）起重机作业时，重物下方不得有人停留或通过；起吊重物时禁止进行斜拉或起吊地下埋设的重物，不得在重物上堆放零散物件。

4）当起重机满负荷或接近满负荷起吊时，应将重物吊离地面 20～50cm 后停止提升，检查起重机的稳定性及重物绑扎的牢固性，确认无误后方可继续提升。

5）重物升降速度要均匀，左右回转要平衡，当回转未停稳前不得做反向动作；起重机行走转弯不得过急，当转弯半径过小时，应分次转弯。下坡严禁空挡滑行。

6）起重机臂杆伸缩按顺序进行，在伸臂的同时要相应地下降吊钩；当限制器发出报警时，立即停止伸臂；臂杆缩回时，仰角不宜过小。

7）起重机行驶前必须按规定收回臂杆、吊钩及支腿。行驶保持中速，避免紧急制动。行驶时，严禁人员在底盘走台上站立、蹲坐或堆放物件。

8）起重机不得在架空线路的下方工作，当在一侧工作时，臂杆（包括重物）与边线的水平距离不小于 2m。

7. 临水作业安全保证措施

1）水中围堰内壁用槽钢或木桩进行围护，以防坍塌。积水时应立即用水泵排水，在围堰上口及临水面设置高度不小于 1.2m 的钢管栏杆；上、下横杆间隔 0.6m，栏杆柱间隔不应大于 2m。

2）在可能发生落水淹溺事故的场所，应设置防止落水的安全措施。作业用的脚手架、走道板要经常检查，以防松动，表面如有易滑物应及时清除。

3）水上作业平台不得有油污等易滑物，平台周围应设牢固的防护栏杆。夜间作业的场所和通道必须设置足够的照明。

4）使用船只接送人员或运送材料时，必须制订防止超载、超员的制度并严格执行，杜绝重大水上安全事故的发生。

5.4　信息化管理

信息技术的快速发展在持续冲击着传统的水利和建筑行业，将信息技术运用到大型船闸工程项目实际进度、成本、安全管理过程中，尤其是建筑信息模型（BIM）的运用，已成为发展的必然趋势。为了推进 BIM 在我国的发展，政府部门陆续出台了各种政策。《住房和城乡建设部关于推进建筑信息模型应用的指导意见》（建质函［2015］159 号）及《建筑信息模型应用统一标准》GB/T 51212—2016[80] 提出，建筑产业的现代化进程离不开信息化，而 BIM 应用作为建筑信息化的重要部分，将极大地促进建筑行业生成方式的改变。

《国务院办公厅关于促进建筑业持续健康发展的意见》（国办发［2017］19 号）中提出，要加强推广推进建筑信息技术在项目的全寿命周期过程中的应用，实现全寿命周期的数据信息的共享以及信息化集成管理，为项目方案的优化和科学发展提供依据，为项目管理和科学决策提供依据，促进建筑业效率的提升。《住房和城乡建设部关于印发城市轨道交通工程 BIM 应用指南的通知》（建办质函［2018］274 号）及《交通运输部办公厅关于推进公路水运工程 BIM 技术应用的指导意见》（交办公路［2017］205 号）要求，在轨道交通和公路水运工程中推动各参建方共享多维 BIM 信息，逐步实现 BIM 技术的普及和推广。

5.4.1　船闸工程建设信息化管理现状

结合近几年来的船闸工程建设管理调研可知，船闸工程建设信息化技术应用工作相对比较落后，目前还处在一个较低的层次。船闸工程建设管理现状主要体现为以下几个方面。

（1）船闸工程建设中的设计、施工和检测资料数量庞大，管理方式落后。

我国基本建设施工管理中的各项检测和运行资料数量极为庞大，通过数据库有效地处理和保存这些数据，可以及时发现施工过程中存在的问题，确保施工质量。尽管计算机已广泛进入工程设计、施工和管理各领域，但我国船闸工程建设中的勘测、设计和检测资料的保存与管理仍采用的是基于纸质载体的人工管理模式。资料的管理与保存不仅花费很大的人力和物力，其使用效率也很低。

（2）船闸工程建设资料记录、分析和存档缺乏强制性标准，难以实现数字化和信息化。

目前我国船闸工程建设中普遍存在的一个问题是，存档的施工记录通常是不完整的。施工记录表格由承包商自行编制，缺乏完整性和科学性。最终的竣工表格有几十项检测项目，有的工程中一律填写"合格"两字，这样的施工记录形同虚设。造成这一现象，归根到底，是工程建设管理中没有建立强制性的工程建设资料记录、分析和存档标准。

（3）船闸工程建立了自己的工程建设与运行管理平台，但是其基本元数据与数据结构缺乏标准依据，很难与其他水利工程的管理平台进行互联互通，数据孤岛现象严重。

在一些大中型的水利工程建设中，工程管理单位为了便于管理，建立了相关的工程建设管理平台，将日常工作中所涉及的质量、进度、投资等相关数据进行自动或者人工维护，并作为重要的工程建设信息保存在相应的数据库中。但是由于在建设管理平台建设中缺乏相应的国家标准或行业标准，平台中的元数据与数据结构不具备统一性，不同水利工程建立的工程建设管理平台中的数据很难在平台间进行平滑的交互与共享，信息孤岛现象严重。工程建设中积累下来的许多宝贵数据与经验，很难直接为别的相似工程提供参考与借鉴，平台中水利工程建设信息知识库的作用难以得到有效发挥。

（4）建设工程建设管理平台的工作尚未纳入我国基本建设行政管理和质量认证体系，管理平台中的数据难以共享，平台的维护和更新缺乏长效机制。

将工程建设的数据以标准化的数字形式保存下来，不是国家规定的一项强制性工作，因此，难以动用足够的人力和物力付诸实施，一些专业数据库也难以获得后续资金的支持。以往各单位以及各项科研项目建设的许多数据库在项目鉴定之日，即是尘封之时，多年不见更新。这些因素导致各行各业开发的各种数据库往往在低水平重复，很少真正发挥作用，相当一部分数据库仅用于示范。

当前，信息化技术已经渗入日常生活的方方面面，但是在大型船闸工程建设管理中，重要的工程建设信息的采集、传输、整理、分析及存储的信息化水平还很低，还需要更深厚的理论基础和更加切合实际的应用。

5.4.2　大型船闸工程的信息化管理

大型船闸工程信息化管理以 BIM 技术为基础，贯穿船闸工程建造的全过程。BIM 技术相比传统施工管理方法的优势很明显，主要体现在信息集成和可视化表达。通过计算机完成建筑产品的三维表达，其三维模型不仅包括设计数据，而且涵盖各种施工数据以及管理所需的大量信息，可以满足施工人员的各种信息需求，实现工程项目在建设过程中全寿命周期的精细化管理，提高项目的工作效率以及整体项目质量，有助于建设项目向着系统化、信息化的方向发展。

（1）直观可视化

通过软件完成 BIM 三维模型的建立，可以直观地将相关信息传递给各个专业以及参与方，大型船闸工程得以通过立体模型进行施工进度的动态表达，实现工程项目的全过程可视化，同时，各参与方的交流更顺畅，各专业之间的协同更便捷，各利益方可以更好地参与到项目中。

（2）动态模拟性

利用 BIM 进行大型船闸工程的三维施工模拟，并在 BIM 模型中加入时间轴，可实现模型和进度计划施工任务的关联。专业管理人员可以通过工程项目的施工进度模拟，及时发现问题，对进度加以优化。

（3）信息共享性

BIM 技术作为一项多专业集成的技术，可以对各种有用的信息加以整理和储存，各专业之间的信息都可以在这个平台上进行传递。在项目开始的设计阶段，各专业通过BIM平台进行交流，可以极大地减少错误，提高整体项目的效率。建设阶段，工作人员通过使用平台，可以提出自己的要求，从而不断地改进平台，逐步达到项目管理的最优化。

（4）分析优化性

大型船闸工程项目规模大、结构复杂，工作人员素质参差不齐，利用BIM技术可直观地对项目施工进程进行分析、优化，满足复杂项目优化的需求，有效解决人员素质达不到要求的问题。

大型船闸工程信息化建设的直接目标就是实现船闸工程的信息化管理，其核心是运用信息理论，采用信息工具，获取、存储、分析和应用相关工程信息，进而得到所需的新信息，为工程决策目标服务。大型船闸工程信息化管理框架总体包括数据采集、数据管理、业务处理和数据输出四个部分，如图5-8所示。其中，数据采集手段包括原始数据采集和图纸数据采集；数据采集成果包括空间数据、关系型数据和非关系型数据。数据管理包括对空间数据和属性数据的管理。业务处理涉及水利资源管理和监测、工程项目建设管理以及工程信息、社会经济环境、服务管理等方面。

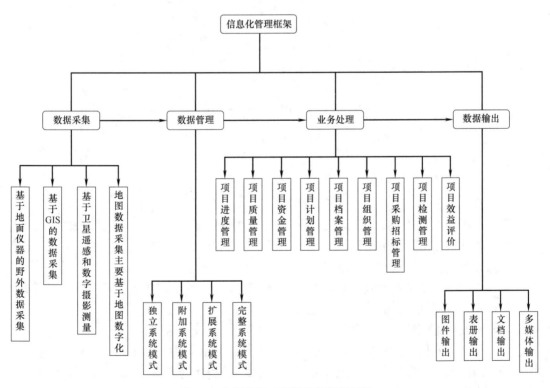

图 5-8 大型船闸工程信息化管理框架

大型船闸工程项目管理信息化是指将工程项目实施过程所产生的数据、图像等，采用有序的、及时的和成批采集的方式进行加工、储存和处理，使其具有可追溯性、可公示性和可传递性的管理方式。信息化管理的目的是以计算机、网络通信、数据库作为技术支撑，为项目所涉及的各类人员提供必要的高质量的信息服务。

5.5　船闸工程应用

5.5.1　派河口船闸工程的进度管理

根据第 5.1.4 节所述大型船闸工程进度优化模型，对派河口船闸工程的进度管理进行模拟和优化计算。派河口船闸工程大致可划分为上闸首、闸室、下闸首、上游导航墙、上游靠船墩、下游导航墙、下游靠船墩、护坡等施工段，整体施工工艺流程如图 5-9 所示。

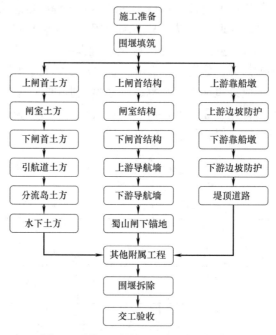

图 5-9　派河口船闸工程施工工艺流程

派河口船闸工程计划施工工期为 36 个月，根据内河船闸工程施工进度—成本管理优化模型，优化了派河口船闸工程施工进度，并绘制了相应的进度横道图（图 5-10）。施工技术要点包括：

（1）为满足节制闸导流航道通航要求，派河侧围堰处架设钢便桥（通航孔为升降式）跨越，供土方、混凝土、钢筋等运输使用。

（2）钢便桥施工结束后，利用分流岛土方填筑围堰，排水清淤。

（3）深基坑开挖前做好支护和降水工作。土方开挖和换填由上闸首向下闸首推进，分别从基坑两侧出土。集中力量进行水泥土换填作业，及时浇筑垫层，防止雨水浸泡。

（4）上闸首优先施工，闸室与上闸首同步平行施工；闸室土方约 13 万 m^3，预计 2 个月完成闸室土方换填，启动下闸首施工。其中第 1 号、15 号段待闸首底板结束后组织施工。

（5）下闸首土方施工结束后，根据工作面情况尽快组织导航墙队伍进场施工。

（6）金属结构等附属工程穿插进行，适时推进。

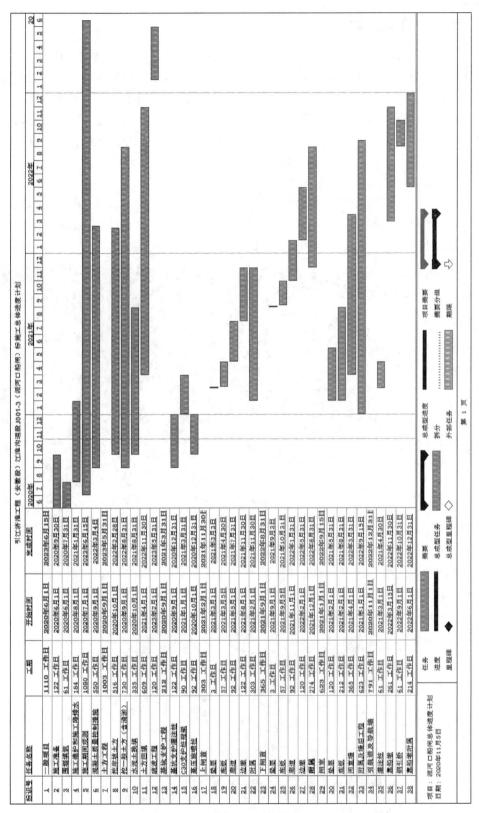

图5-10 优化后的派河口船闸工程施工进度横道图

5.5.2 派河口船闸工程的信息管理

派河口船闸工程应用 BIM 技术提高施工的质量和效率，协调项目各方信息的整合，提高项目信息传递的有效性和准确性，减少图纸中"错漏碰缺"的发生，使设计图纸切实符合施工现场操作的要求，并进一步辅助施工管理，达到管理升级、降本增效、节约时间的目的。施工全过程中，针对施工工艺、进度、质量、安全、合同、施工组织及协调配合等方面，高质量运用 BIM 技术进行模拟管理，提高本工程信息化管理水平及管理工作效率，最终形成包含本工程全生命周期施工管理数字化信息的竣工模型。

1）派河口船闸工程 BIM 技术主要应用领域如下：

（1）碰撞检测。结构三维模型和设备三维模型（含金属结构、水机、电气等）在三维软件中总装，通过设定相应检测规则，即可进行碰撞检测（图 5-11）。根据碰撞检测结果，快速定位碰撞点，提交碰撞检测报告，供设计单位进行方案优化。

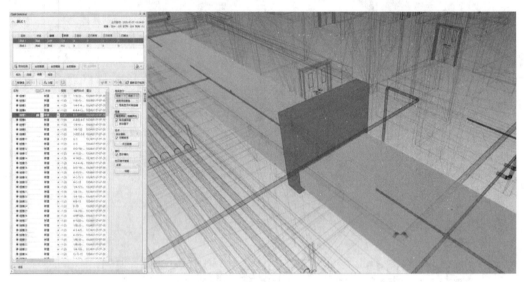

图 5-11 派河口船闸工程碰撞检查

（2）辅助技术交底。利用三维可视化模型辅助技术交底（图 5-12），使施工人员更直观地了解复杂关键节点，有效提升施工质量和相关人员的沟通协作效率。

图 5-12 派河口船闸工程辅助技术交底

（3）基于 BIM 模型完成施工深化、施工场地规划、施工方案模拟（图 5-13）、构件预制加工及工程量提取等工作。

图 5-13 派河口船闸工程施工方案模拟

（4）基于 BIM 模型和相关技术手段，在建设方主导下，完成设计向施工和工程监理的 BIM 可视化设计交底（图 5-14），实现设计交底的快速性与准确性，使项目参与方充分理解设计意图，避免因理解偏差造成工程损失。

图 5-14 派河口船闸工程可视化交底

2）BIM 技术解决了很多传统船闸工程施工管理上的问题，也给工程项目的进度管理带来了新的思路和方法，主要表现为：

（1）BIM 进度管理

派河口船闸工程施工过程管理采用 PROJECT 计划管理软件对整个施工过程进行管理和规划，通过规划可以得到该项目的时间进度，将这个时间进度与 BIM 模型进行匹配，从而得到更具可视化的基于三维模型的施工进度模拟。具体操作为：使用 Revit 系列软件对项目的 BIM 模型进行完善，在此过程中，寻找和发现问题并通过 BIM 技术解决问题，从而指导施工图深化设计和现场施工；再通过自动统计功能，进行施工材料的自动统计。

（2）BIM 质量管理

利用 BIM 技术的三维可视化优势进行施工交底，可将大型船闸工程的施工流程表现得更为具体，避免了很多因平面图纸表达不具体而造成的失误。利用 BIM 物料物理系统，对于特殊物料、构件进行信息追踪，实现从进场到安装施工的全过程监控，从而保证物料质量，提高施工质量。通过施工预演，提前预知施工过程中出现的不利因素，从而采用相应的应对措施，保证施工顺利进行。日常质量检查记录可随时录入 BIM 信息管理平台中，自动分类为"代提交""待处理""通过"等不同状态,每日详细的信息有利于提升质量管理。

(3) BIM 安全管理

利用 BIM 技术对现场施工进行实时监测,预测施工过程中的风险因素,可提前消除安全隐患,提前判断出需要进行防护加固的施工构架体系,进行合理防护加固,将施工风险降到最低(图 5-15)。通过将监测数据表格导入平台,平台自动辨别每一个检测点的监测结论,项目技术人员可查询任意监测点类型的监测数据。日常安全检查记录也可随时录入平台,由全体项目人员共同监督、共同管理。

图 5-15　派河口船闸工程 BIM 安全管理

(4) BIM 环境管理

建筑施工过程中不可避免会产生很多固体废弃物、废水、有毒有害气体以及扬尘、噪声等,将 BIM 模型与 Google Earth 软件相结合,可分析施工现场所处的地理环境和周边情况,采取相应措施,减少或排除污染。同时,利用 BIM 模型的信息平台,可分解出造成环境污染的相关工序,统一管控,实现绿色施工(图 5-16)。

图 5-16　派河口船闸工程 BIM 环境管理

参 考 文 献

［1］ 郑家裕. 长江三峡船闸恢复通航［EB/OL］.（2010-07-22）［2021-12-01］. http：//www. gov. cn/govweb/jrzg/2010-07/22/content_1661670. htm.

［2］ 杨胜兰. 湘江二级航道二期工程株洲航电枢纽二线船闸建成通航［EB/OL］.（2018-10-31）［2021-12-01］. http：//info. chineseshipping. com. cn/cninfo/News/201810/t20181031_1311683. shtml.

［3］ 长江水利委员会长江科学院. 一种能适应大规模高水头船闸的全闸室输水系统：CN201510500655. X［P］. 2015-12-09.

［4］ 刘朝. 石虎塘航电枢纽：以电养航，重振千年赣都黄金水道［EB/OL］.（2019-04-29）［2021-12-01］. https：//www. sohu. com/a/311005719_162758.

［5］ 翟璐. 2019 年三峡水库 175 米试验性蓄水正式启动［EB/OL］.（2019-09-10）［2021-12-01］. https：//www. chinanews. com. cn/tp/hd2011/2019/09-10/901580. shtml.

［6］ 吴丽虹等. 江西省万安枢纽二线船闸顺利试通航［EB/OL］.（2022-08-08）［2022-08-10］. https：//www. thepaper. cn/newsDetail_forward_19360435.

［7］ 蔡钧庭. 组图：三峡坝前水位降至 146 米准备迎汛［EB/OL］.（2009-06-09）［2021-12-01］. http：//news. sina. com. cn/c/p/2009-06-09/075817979886. shtml.

［8］ 颍上佰事通便民服务. 颍上这些地方将纳入阜阳生态旅游廊道了［EB/OL］.（2018-11-23）［2021-12-01］. https：//www. sohu. com/a/277453564_692684.

［9］ 张惠民. 巴拿马印象［EB/OL］.（2020-03-17）［2021-12-01］. https：//www. meipian. cn/2t1lpq1u.

［10］ 贺建东. 运输防疫物资的船舶，过这两处船闸免费［EB/OL］.（2020-02-21）［2021-12-01］. https：//graph. baidu. com/api/proxy？mroute＝redirect&sec＝1662536381047&seckey＝5a932cae09&u＝http%3A%2F%2Fbaijiahao. baidu. com%2Fs%3Fid%3D1659148725498939236.

［11］ 楠竹一. 最大爬升高度 113 米，中国耗时 6 年建造三峡升船机，到底有什么用？［EB/OL］.（2021-12-01）［2021-12-01］. https：//www. baidu. com/link？url＝FYzrt9uHgzk2USnKQQYiH9M6tJv-DtOOBw4MzpEbDwPhasRbU1fTEMkZvY9q_NUKWnOefjU2NqU6eVIMyf_LI8_BcxnDIt4_u4166rR1A9-y&wd＝&eqid＝9f7ef1ca00002c420000000363184e6d.

［12］ 王璇. 大运河京冀段本月旅游通航！拟定 3 条航线，一路乘船欣赏两地美景［EB/OL］.（2022-06-13）［2022-07-13］. https：//new. qq. com/rain/a/20220613A09RAI00.

［13］ 小云. 安徽巢湖船闸复航［EB/OL］.（2020-08-13）［2021-09-13］. http：//picture. yunnan. cn/system/2020/08/13/030882187. shtml.

［14］ 陈明，吕森鹏，刘原，等. 省水船闸输水系统水力学研究综述［J］. 水运工程，2019（9）：106-119.

［15］ 省驷马山引江工程. 乌江船闸过年不打烊［EB/OL］.（2021-02-20）［2021-12-20］. http：//slt. ah. gov. cn/tsdw/smsyjgcglc/wmcj/120245471. html.

［16］ 国外近期港工航道发展概况（三）——国外船闸和升船机概况［J］. 水利水运科技情报，1973（1）：1-10.

［17］ 欧阳军. 船闸史话［J］. 交通与运输，2012，28（5）：76-77.

［18］ 腾讯网. 盘点世界上最著名的八条运河［EB/OL］.（2021-04-08）［2021-11-08］. https：//new. qq. com/rain/a/20210408a0ar9a00.

［19］ 谢凯. 我国船闸建设分析与思考［J］. 交通信息与安全，2010，28（6）：69-72.

［20］ 尹芳. 好消息！兴隆水利枢纽蓄水影响整治工程天门部分开工［EB/OL］.（2019-01-21）［2021-11-21］. https：//www. sohu. com/a/290671737_708634.

［21］ 米娜. 京杭运河万年闸复线船闸试航，通行能力提升一倍［EB/OL］.（2019-06-29）［2019-08-01］. http：//big5. xinhuanet. com/gate/big5/www. sd. xinhuanet. com/news/2019-06/29/c_1124687610. htm.

[22] 黄鹤鸣. 南坪船闸秋色美［EB/OL］.（2020-11-13）［2021-12-13］. https：//baijiahao. baidu. com/s? id＝16831738573381922289＆wfr＝spider＆for＝pc.

[23] 董浩. 耿楼复线船闸主体工程完工［EB/OL］.（2020-09-25）［2021-12-25］. https：//mbd. baidu. com/newspage/data/dtlandingwise? nid＝dt_4099816060409870011＆sourceFrom＝homepage.

[24] 交通运输部印发《内河航运发展纲要》［J］. 船舶标准化工程师，2020，53（4）：1.

[25] 住房和城乡建设部. 建筑施工模板安全技术规范：JGJ 162—2008［S］. 北京：中国建筑工业出版社，2008.

[26] 住房和城乡建设部. 钢结构设计标准：GB 50017—2017［S］. 北京：中国建筑工业出版社，2017.

[27] 张雷. 船闸基坑防渗墙的施工措施［J］. 四川水泥，2016（8）：312.

[28] 彭剑，杨清平. 塑性混凝土防渗墙在深基坑开挖中的应用［J］. 中国港湾建设，2014（6）：48-50.

[29] 李粮纲，陈惟明，李小青. 基础工程施工技术［M］. 中国地质大学出版社，2001.

[30] 佚名. 地下连续墙起源［EB/OL］.（2017-10-16）［2021-10-16］. https：//www. sohu. com/a/198341421_100030071.

[31] 朱艳丽，苏强. 基础工程施工［M］. 北京：北京理工大学出版社，2013.

[32] 刘金东. 海蓝荣璟项目基坑支护与排水工程动态图片信息［EB/OL］.（2021-11-01）［2021-12-01］. http：//www. kmjlyt. com/case_show. aspx? id＝8284.

[33] 付毓. 降低高压旋喷桩止水帷幕渗漏风险［J］. 建筑施工，2021，43（7）：1218-1219.

[34] 赵元浩. 南太湖科技港厂房项目部 11 月 2 号［EB/OL］.（2018-11-02）［2021-10-02］. https：//www. meipian. cn/1pnvnkhu.

[35] 岑勇. 深层水泥搅拌桩在基坑支护中的应用［J］. 住宅与房地产，2021（9）：209-210.

[36] 张磊，陈强，李强，等. 三轴水泥搅拌桩在深层地基防渗中的应用［J］. 施工技术，2020，49（23）：102-106.

[37] 佚名. 水泥土搅拌桩的施工［EB/OL］.（2018-01-03）［2021-12-03］. https：//m. sohu. com/a/214455414_100030071/.

[38] 李伟. 钻孔灌注桩在深基坑围护施工中的应用与实践［J］. 中国建材科技，2021，30（4）：118-120.

[39] 筑龙岩土. 深基坑支护、土方工程、桩基工程标准化施工工艺［EB/OL］.（2019-11-07）［2021-11-07］. https：//www. sohu. com/a/352346765_222623.

[40] 佚名. 桩基设计十大精髓［EB/OL］.（2019-07-23）［2021-10-20］. https：//www. sohu. com/a/328793465_120051222.

[41] 佚名. 支承建筑重量的桩基础施工，钻孔灌注桩施工工艺［EB/OL］.（2017-12-22）［2021-12-22］. https：//m. sohu. com/a/211964879_100030071.

[42] 吴纪宁，富鸣，张厚仁. 混凝土预制桩在基坑开挖中倾斜处理和预防［J］. 江苏建筑，2002（3）：52-53.

[43] 赵升峰，黄广龙，马世强，等. 预制混凝土支护管桩在深基坑工程中的应用［J］. 岩土工程学报，2014，36（S1）：91-96.

[44] 项佩洁. 轻型井点降水技术在某给排水工程深基坑中的应用［J］. 净水技术，2021，40（S1）：291-293.

[45] 佚名. 建筑基础施工，轻型井点管降水布置方式及不利影响处理［EB/OL］.（2017-09-29）［2021-09-29］. https：//www. sohu. com/a/195398023_100030071.

[46] 谌宇飞. 水运工程中船闸基坑深井降水的施工技术 [J]. 珠江水运，2019 (13)：19-20.

[47] 谢宝聪. 降水井之井点降水井点计算 [EB/OL]. (2021-01-30)[2021-02-30]. http：//www. n127.com/dawuliu/gxggdj-news-11735441. html. https：//m. sohu. com/a/211964879_100030071

[48] 刘宝平. 水利工程基坑排水施工技术 [J]. 河南科技，2010 (20)：38.

[49] 侯丽萍，王文志，范鑫. 明沟排水在工程施工降水中的巧用 [J]. 内蒙古科技与经济，2010 (20)：100-101.

[50] 史伟亮，燕乔，张硕. 基于 FLAC 3D 的围堰边坡稳定流-固耦合分析 [J]. 人民黄河，2012，34 (5)：117-118，123.

[51] 毛昶熙，段祥宝，吴良骥. 砂砾土各级颗粒的管涌临界坡降研究 [J]. 岩土力学，2009，30 (12)：3705-3709.

[52] 王宇，谷艳昌，王士军，等. 基于雷诺数的砂砾石管涌过程判别 [J/OL]. 水利水运工程学报，doi：10.12170/20211014001.

[53] 陶高梁，李进，崔惜琳. 不同颗粒级配的砂土渗流破坏特性 [J]. 土木工程与管理学报，2019，36 (2)：90-97.

[54] 魏勇，赵安文，许开立. 尾矿库坝基管涌破坏试验 [J]. 金属矿山，2015 (9)：157-160.

[55] 陈秋声. 大型船闸多空箱混凝土结构预制钢筋混凝土模板施工技术 [J]. 工程技术研究，2021，6 (13)：96-97.

[56] 陈媛媛. 装配式智能轻钢模板系统在濉溪县南坪船闸施工中的应用 [J]. 江淮水利科技，2019 (4)：28-29.

[57] 李业鑫，袁修坤，王依龙，等. 顶板预制吊装封顶施工工艺在船闸闸首空箱施工中的应用 [J]. 中国水运 (下半月)，2014，14 (10)：250-251.

[58] 冯微. 大型船闸空箱结构预制钢筋混凝土模板施工技术研究 [R]. 广东省水利水电第三工程局有限公司，2020.

[59] 郑金辉，卢小凤. 移动大模板支撑系统在船闸闸室墙身中的应用 [J]. 安徽建筑，2017，24 (5)：275-276，455.

[60] 李明华，刘兴斌. 可周转对拉螺栓在薄壁自防水混凝土上的运用 [J]. 建筑安全，2010，25 (1)：34-36.

[61] 陈卫东，陈卫国，郭中文. 组合式对拉止水螺杆在水利工程中的应用 [J]. 水利建设与管理，2018，38 (2)：6-10.

[62] 陈霞，张伟伟. 三段式止水螺杆应用技术 [J]. 工程质量，2015，33 (12)：74-76.

[63] 徐桂权，李超，丁千宁，等. 新型三段式止水螺杆在地下综合管廊工程中的应用 [C] //2017 中国建筑施工学术年会论文集 (专业卷). 2017：160-162.

[64] ISO. Geometrical product specifications (GPS)—Surface texture：Areal—Part 2：Terms, definitions and surface texture parameters：ISO 25178-2-2012 [S]. Geneva：International Organization for Standardization，2012.

[65] 祁赟鹏，赵希利，周亚军，等. 醋酸综合征对电影胶片影像影响研究 [J]. 影像科学与光化学，2019，37 (1)：57-64.

[66] 国家能源局. 水电工程钢闸门制造安装及验收规范：NB/T 35045—2014 [S]. 北京：中国水利水电出版社，2015.

[67] 国家质量监督检验检疫总局. 水利水电工程钢闸门制造、安装及验收规范：GB/T 14173—2008 [S]. 北京：中国标准出版社，2009.

[68] 国家质量监督检验检疫总局. 液压传动 油液固体颗粒污染等级代号：GB/T 14039—2002 [S]. 北京：中国标准出版社，2004.

［69］ 住房和城乡建设部. 电气装置安装工程 接地装置施工及验收规范：GB 50169—2016 ［S］. 北京：中国计划出版社，2017.

［70］ 国家质量监督检验检疫总局. 外壳防护等级（IP 代码）：GB/T 4208—2017 ［S］. 北京：中国标准出版社，2017.

［71］ 住房和城乡建设部. 电力工程电缆设计规范：GB 50217—2018 ［S］. 北京：中国计划出版社，2018.

［72］ 交通运输部. 水运工程质量检验标准：JTS 257—2008 ［S］. 北京：人民交通出版社，2008.

［73］ FOSTER I，ZHAO Y，RAICU I，et al. Cloud computing and grid computing 360-degree compared ［R］. Grid Computing Environments Workshop，2008.

［74］ Above the Clouds：A Berkeley View of Cloud Computing. ［R/OL］. http：//www. eecs. berkeley. edu/Pubs/TechRpts/2009/EECS-2009-28. html. No. UCB/EECS-2009-28.

［75］ 刘鹏. 个人云计算 ［J］. 科技创业，2011（4）：12.

［76］ 国家质量监督检验检疫总局. 起重机设计规范：GB/T 3811—2008 ［S］. 北京：中国标准出版社，2008.

［77］ 住房和城乡建设部. 建筑施工扣件式钢管脚手架安全技术规范：JGJ 130—2011 ［S］. 北京：中国建筑工业出版社 .2011.

［78］ 国家质量监督检验检疫总局. 钢管脚手架扣件：GB 15831—2006 ［S］. 北京：中国标准出版社，2007.

［79］ 建设部. 施工现场临时用电安全技术规范：JGJ 46—2005 ［S］. 北京：中国建筑工业出版社，2005.

［80］ 住房和城乡建设部. 建筑信息模型应用统一标准：GB/T 51212—2016 ［S］. 北京：中国建筑工业出版社，2017.